AF174643

VISITAS AL SANTISIMO

SAN ALFONSO MARIA DE LIGORIO

VISITAS

AL
SANTISIMO SACRAMENTO,
A MARIA SANTISIMA
Y
A. SAN JOSE

* * *

Duodécima edición
preparada por Angel López de Murga Eguíluz

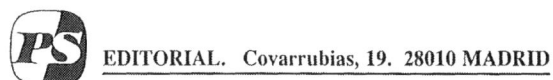
EDITORIAL. Covarrubias, 19. 28010 MADRID

12.ª EDICION

ISBN: 84-284-0369-4
Depósito legal: M. 30.335-1994
Imprenta Fareso, S. A.
Paseo de la Dirección, 5
28039 Madrid

PROLOGO

I. El escritor y su momento religioso

Alfonso María de Ligorio, santo, doctor y fundador de la Congregación de los Padres Redentoristas, es el autor de las Visitas al Santísimo Sacramento.

Fue san Alfonso María de Ligorio (1696-1787) hijo de una familia patricia de Nápoles cuando esta ciudad era virreinato de la corona de España.

Su padre, don José de Ligorio, el capitán de las galeras del virrey, había cifrado toda su ilusión en su primogénito, con la concreta finalidad de lograr por medio de él un entronque beneficioso con una familia de la nobleza que, con sus títulos y blasones reunidos en su hijo mayor, perpetuara en el futuro el apellido de los Liguori.

En el año 1723, por voluntad y decisión de Alfonso, se vieron truncados todos los afanes de grandeza del ilustre marino. La actitud de éste no fue un fácil negarse al querer de su hijo y a los planes de Dios. Su reacción en contra fue violenta y persistente, cual correspondía a una persona acostumbrada a mandar.

El momento escogido por la Providencia fue la humillación inesperada del joven abogado que a la sazón contaba veintisiete años. Y el motivo, un pleito famosísimo en Nápoles, que Alfonso llevaba muy estudiado y que perdió por extraños motivos. La decisión fue tomada por Alfonso el 29 de agosto del citado año. Actitud irrevocable, no obstante la larga y firme oposición de su padre: sería sacerdote.

La devoción acendrada a Jesús sacramentado y su filial amor a la Virgen fueron los dos polos sobre los que surgió su conversión. Nos dice uno de sus biógrafos: "Porque presentía que, mayor de edad, debía reclamar respetuosamente su libertad de servir a Dios, según su vocación, así lo hizo inesperadamente el 29 de agosto del año 1723. La ocasión fue: se celebraba día de gran gala en la corte del Virrey. Su padre quería arrastrarle a la misma y a sus festejos. La oposición de Alfonso fue rotunda.

Se pasó la tarde en adoración de Jesús sacramentado en las Cuarenta Horas que se celebraban en Santa María Redentora de los Cautivos, en su iglesia de Puerta del Alba. Allí maduró la idea. Y desde allí salió para la iglesia de la Merced, a las plantas de cuya imagen depositó su espada de caballero como expresión de su renuncia definitiva a las cosas del mundo".

Y en la devoción a visitar a Jesús sacramentado en las Cuarenta Horas y el amor a la Virgen Madre tienen su origen las Visitas.

Lo recuerda en su proceso de beatificación el nonagenario padre Juan Mazzini: "Iba yo con dos compañeros sacerdotes cuando vi por primera vez a Alfonso en la iglesia de los filipenses. La vista de aquel joven pulcramente vestido, de aspecto bello y serio continente..., que oraba con tal devoción y fervor, arrodillado y absorto en Dios, nos causó a los tres edificación extraordinaria, aumentada en lo sucesivo al encontrarle todos los días en las iglesias donde se celebraban las Cuarenta Horas".

Cuando en 1748 publicó su disertación sobre la Inmaculada reconocerá en María la mano misericordiosa y omnipotente que le arrancó del mundo.

De ahí que el resumen de sus visitas lo podamos ence-

rrar en una serie de pensamientos y afectos sobre el Santísimo Sacramento y la Madre de Dios. Con una acumulación de citas de los libros santos y de la vida de los escritores ascéticos y místicos. Todo ello empapado en "unas exquisitas mieles y en un canto de enamorado de la Eucaristía, cuyo perfume se renueva constantemente".

II. Ambiente religioso en que fueron escritas

Símbolo tangible y expresión popular del ambiente eucarístico reinante eran las Cuarenta Horas, *cuya predicación en su vida de apostolado fue una de las favoritas de Alfonso. Escribía al Papa el cardenal arzobispo Cantelmi: "Existe en el pueblo honda devoción a la santísima Eucaristía, ora acompañándola cuando se lleva a los enfermos, ora cuando se halla públicamente expuesta en las Cuarenta Horas, que, a ejemplo de Roma, se celebran sin interrupción en las iglesias prefijadas".*

Y al renacer eucarístico, muy acentuado en aquella primera centuria, se le proporcionaba con las Visitas *de san Alfonso una inyección vigorosa. La práctica de la visita diaria al Santísimo Sacramento adquiría así carta de naturaleza entre las devociones más populares y quedaba plasmada por medio de este librito en fórmulas sencillas y atrayentes, al alcance de todas las almas y de todas las necesidades.*

Este era el ambiente. Muy distinto por tierras de Nápoles y otros pueblos mediterráneos de aquel otro de las regiones del centro y del norte de Europa. Aquí el cierzo jansenista envolvía en frialdades de "nevera" los sagrarios. "Basta parangonar las constituciones de Port-Royal con este manualito del noviciado de Ciorani: aquéllas pese a tener por destinatario el monasterio del Santísimo Sacramento, respiran frialdad ceremoniosa; éstas brotan del corazón y hermanan los deberes del respeto con los anhelos del corazón" (Tellería, I, 365).

Y es que su misma realidad y signo religioso como fundador nace en la ciudad de Scala, a los pies de una custodia, todavía hoy venerada y aureolada con prodigios eucarísticos, judicial y documentalmente cernidos y depositados en los fondos del Archivo Vaticano.

III. Valor y originalidad

A su autor no le fallaba la persuasión de ofrecer algo nuevo. "Creo —advertía al revisor—, que es un librito muy útil... Confieso no haber visto otro semejante: por eso lo he escrito" (Lettere, I, 96).

Su mayor encanto emana de la sinceridad del afecto, de la transparencia de las ideas y de su envoltura literaria. "Lo he escrito a la buena de Dios —repetía él mismo—: corrija lo que le parezca, y no vaya buscando demasiadas florituras".

A la "buena de Dios" significa sin buscar frases atildadas y artificiosas; pero no está escrito sin profundidades teológicas y ascéticas y hasta místicas, diluidas discretamente en un cordial fluir de afectos y consideraciones. Por eso el santo insinúa: "Te ruego que, a ser posible, leas estas páginas en presencia de Jesús sacramentado, donde mejor que en ninguna parte saborearás la dulce comezón del amor divino".

Podrá discutirse su originalidad, cual apunta Bremond —traductor francés de las Visitas—, *de las que añora un libro con su historia... Es muy libre el abate, con sus prejuicios nacionalistas y académicos, guardar sus preferencias para M. Olier. Pero pensaba con equilibrio mucho más justo Baudrand, prolongando la versión de sus* Visitas: *"No hallaréis en ellas —nos dice— estilo florido y metódico, impropio del sentimiento, y por lo mismo acaso no agraden a quienes en todo buscan ingenio, simetría y enlaces perfectos. Brilla, en cambio, en esas páginas la inteligencia clara, precisa o sólida, y más todavía la devoción que trasciende a Dios"* (Visitas, París 1846.)

La bondad del libro está avalada por la tremenda e inigualable difusión posterior. Las 2.108 ediciones hacen exacta la frase de que, fuera del Kempis, las Visitas al Santísimo Sacramento y la Virgen Santísima *es el libro de piedad que más ediciones ha alcanzado.*

Como libro de devoción y escrito por un santo que no busca renombre literario, sino la salvación de las almas y la expresión de sus íntimos pensamientos y sentimientos espirituales, raya a gran altura y alcanza cuotas tremendamente elevadas.

"No se equivocó san Alfonso al escribir de su libro que era utilísimo y que no encontraba otro semejante a él. El libro de las Visitas *es una misión ininterrumpida en favor de la devota y utilísima práctica diaria de visitar a Jesús sacramentado".*

IV. Difusión de las Visitas

San Alfonso escribe las Visitas *a los cuarenta y nueve años. Es una de sus primeras obras. Ha fundado la Congregación del Santísimo Redentor y está entregado a una profunda labor misionera. Estos dos aspectos se complementan en un afán común, la salvación de las almas.*

El libro de las Visitas *sale a la luz en 1745 y se difundió con toda rapidez entre los fieles de toda edad y condición. Su primer biógrafo escribe que en vida de Alfonso "apenas se encontraba en Nápoles persona que no lo tuviera". El mismo Alfonso escribía: "Me lo quitan de las manos". Y era verdad. En vida del santo se publicaron 80 ediciones.*

Seguir el proceso de difusión de esta obra alfonsiana nos ocuparía mucho espacio. Damos sólo algunos datos. En 1950 se daban como seguras 2.108 ediciones en 43 lenguas o dialectos. La cifra ha aumentado, pero no tenemos datos precisos. Destacan Francia, con 870, Alemania, 328; Italia, 247; Holanda, 186; España, 175 en castellano, más 13 en vasco y siete en catalán: estas ediciones no castellanas son un dato interesantísimo desde el punto de vista cultural, religioso y bibliográfico por su elevado número. Todo esto nos confirma que esta obra es una de las más editadas en la historia de la imprenta y como libro espiritual sólo superado por la Imitación de Cristo.

Aparte de esta obra, Alfonso publicó, en el correr de los años, otras 110. Es el autor que más influjo ha tenido en la espiritualidad y el enfoque moral de los dos últimos siglos. Baste recordar que las más de 20.000 ediciones de sus obras en 70 idiomas diferentes doblan las ediciones de un autor tan importante en la cultura universal como Shakespeare.

La Iglesia reconoció muy pronto su santidad y su importancia como escritor. Fue canonizado en 1839 y declarado doctor de la Iglesia en 1871. En 1950, Pío XII lo proclamó patrono de los confesores y moralistas.

ANGEL LÓPEZ DE MURGA EGUÍLUZ

INTRODUCCION

De la visita a Jesús

Nos enseña la fe, y estamos, por tanto, obligados a creer, que bajo la forma de pan está realmente Jesucristo en la hostia consagrada. Mas conviene advertir que está en nuestros altares como en trono de amor y misericordia para dispensarnos sus gracias. Y que, con el fin de manifestarnos el amor que nos tiene, quiere permanecer de día y de noche oculto entre nosotros.

Sabido es que la santa Iglesia instituyó la fiesta del Santísimo Sacramento con octava solemne y con tanta magnificencia de procesiones y exposición de su Divina Majestad como en tal tiempo se acostumbra, para que con sus obsequios, gratitud y piadosos afectos reconozcan y honren los hombres esta amorosa y continua presencia de Jesús en el Sacramento del altar.

Dios mío, cuántas injurias y desprecios ha tenido y tiene aún cada día que sufrir nuestro amable Redentor en este Sacramento de parte de aquellos mismos hombres por cuyo amor se quedó en la tierra en los altares. Grandemente se quejó de ello a su amada sierva santa Margarita Alacoque, según refiere el autor del libro *De la devoción al Corazón de Jesús*.

Hallándose un día ante el Santísimo Sacramento, le mostró Jesús su Corazón en un trono de llamas coronado de espinas y encima una cruz, y después le habló así: "He aquí el Corazón que tanto ha amado a los hombres, y que nada ha perdonado, hasta anonadarse, para mostrarles su amor; en retorno sólo ha recibido ingratitudes de la mayor parte de ellos por las irreverencias, frialdades, sacrilegios y desprecios con que me tratan en este sacramento de amor. Y lo que me es aún más sensible es que así se porten corazones que me están consagrados".

Y a continuación le manifestó Jesús que quería que se dedicase el primer viernes, después de la octava del Corpus, a una fiesta particular para honrar su adorable Corazón, a fin de que en ella trataran las almas fieles de reparar, con sus obsequios y afectos, los menosprecios que de los hombres ha recibido en este Sacramento del altar.

Y prometió gracias abundantísimas a cuantos le tributaran este honor.

Esto nos da a entender lo que ya una vez dijo el Señor por su profeta: "que en estar con los hombres halla El sus delicias", pues no sabe dejarlos, aunque de ellos se vea abandonado y despreciado. Esto nos puede hacer comprender cuánto agradan al Corazón de Jesús los que con tanta frecuencia le visitan y se dedican a hacerle compañía en las iglesias en que está sacramentado.

A santa María Magdalena de Pazzi ordenó el Señor que le visitase en el Santísimo Sacramento treinta y tres veces al día. Obedeció puntualmente esta su amada esposa y se acercaba en cada visita aun corporalmente al altar cuanto podía, como en su vida se refiere.

Pero hablen cuantas almas devotas van a menudo a conversar con Jesús en el Santísimo Sacramento y digan los dones y las luces y las llamas de amor que allí reciben y el paraíso de que gozan en la presencia de este Dios sacramentado.

Aquel siervo de Dios, el padre Lanuza, misionero ilustre de Sicilia, estaba tan enamorado de Jesús Sacramentado, siendo aún mozo de pocos años y seglar, que parecía no acertar a separarse de la presencia de su amado Señor, y eran tales las delicias que allí experimentaba, que habiéndole mandado su director no permanecer ante Jesús más de una hora, pasada ésta mostraba en el modo de obedecer (dice el autor de su *Vida*) la gran violencia con que del pecho de Jesucristo se alejaba, así como un niño a quien arrancan de su madre cuando con más avidez se está regalando con su leche. Y cuentan que, al tener ya que separarse, se quedaba en pie y miraba al altar, haciendo repetidas inclinaciones y reverencias, cual si no supiera despedirse de su Señor, cuya presencia le era tan suave y deliciosa.

De igual modo pusieron por obediencia a san Luis Gonzaga que no se detuviera demasiado

ante el Santísimo Sacramento; y, pasando ante
Él y sintiéndose arrastrado por sus dulces atractivos a permanecer en su presencia, haciéndose
violencia, se alejaba diciendo con amorosa ternura: "Quita, quita, Señor; apártate de mí".

En el sagrario hallaba san Francisco Javier el
descanso de tantas fatigas como en la India pasaba. Porque, ocupado durante el día en el bien de
las almas, empleaba las noches en oración ante el
Santísimo. Lo mismo solía hacer san Juan Francisco Regis, quien, encontrando a veces cerrada
la iglesia, se consolaba arrodillándose a la puerta, expuesto a la lluvia y al frío, con tal de hacer
la corte, siquiera de lejos, a su Consolador sacramentado. Y san Francisco de Asís, no bien sentía
algún trabajo, cuando al instante iba a comuni-
carlo a Jesús en la Eucaristía.

En extremo tierna fue la devoción que el rey
Wenceslao tuvo a este misterio. Tan enamorado
estaba este santo rey de Jesús Sacramentado, que
no sólo recogía el trigo y las uvas, y con sus pro-
pias manos hacía las hostias y el vino, distribu-
yéndolo luego para el sacrificio de la misa, sino
que por las noches, hasta en invierno, iba visitan-
do las iglesias donde estaba el Santísimo Sacramento, y tales eran las llamas de amor que de
estas visitas sacaba su bendita alma, que aún al
cuerpo se le comunicaba el fuego, de suerte que,
tocando la nieve, le quitaba el rigor de su
frialdad.

Y refiere la historia que, padeciendo mucho
frío, por andar sobre la nieve, un su criado que
por la noche le acompañaba, compadecido el

santo, le ordenó que fuese detrás de él y pusiese los pies sobre las huellas que él dejaba, con lo que el criado no volvió a sentir ya frío.

Otros ejemplos se verán en las *Visitas* del placer que las almas de Dios tuvieron en estar en presencia del Santísimo Sacramento, ni se hallará santo que no haya sido amante apasionado de esta tiernísima devoción. En verdad, no podemos tener en la tierra gozo más puro ni tesoro más amable que Jesús sacramentado. Y no hay duda que entre todas las devociones, ésta de adorar a Jesús sacramentado es la primera, la más grata a Dios y la más provechosa para nosotros, después de la recepción de los sacramentos.

No se te haga cuesta arriba, alma devota, el darte tú también a ella y, retirándote de la conversación de los hombres, emplear todos los días algún rato, media hora a lo menos, o siquiera un cuarto de hora, en alguna iglesia delante de Jesús sacramentado.

"Gustad y ved cuán suave es el Señor". Haz la prueba y verás cuán grande es el provecho que sacas. No dudes que el tiempo que emplees devotamente entretenida ante este divino Sacramento será el más útil de tu vida y el que más consuelo te dará en la hora de la muerte y por toda la eternidad. Y tal vez ganes más en un cuarto de hora pasado ante el Sacramento que en todos los demás ejercicios espirituales del día.

Verdad es que Dios oye en todos los lugares las oraciones del que le ruega, porque así lo ha prometido cuando dijo: "Pedid y recibiréis"; más enseña Juan Herol que Jesús dispensa con más abundancia sus gracias en el Santísimo Sacramento a quien le visita. Decía así mismo el beato Enrique Susón que Jesucristo sacramentado atiende en el altar más que en cualquier otra parte las oraciones de los fieles. Y ¿dónde han tomado las almas santas resoluciones más provechosas que al pie del Santísimo Sacramento? ¡Quién sabe si también tú algún día, postrado delante de una custodia, formarás el propósito de darte enteramente a Dios!

Creo deber mío, por gratitud a mi Jesús sacramentado, poner aquí de manifiesto esta verdad: que por la devoción a visitar al Santísimo Sacramento, aunque practicada por mí con mucha frialdad e imperfección, me veo fuera del mundo, donde, por desgracia, viví hasta los veintisiete años.

¡Feliz tú, si puedes, más pronto que yo, apartarte del mundo y entregarte enteramente a aquel Señor que se ha dado todo por entero a ti! ¡Dichoso tú, repito, no sólo en la eternidad, sino también en esta vida! Créeme, todo es locura: festines, comedias, conversaciones, pasatiempos; tales son los bienes del mundo, pero bienes llenos de hiel y de espinas. Cree a quien de ello tiene experiencia y llora desengañado. Ten por cierto que Jesucristo consuela mejor que el mundo, con todos sus regocijos y pasatiempos, al alma que, recogiéndose un poco, se detiene ante el Santísimo Sacramento.

¡Cuán deleitoso es permanecer con fe y tierna devoción junto al altar, hablando familiarmente con Jesucristo, que está allí precisamente para oír y atender a quien le ruega, y le pide perdón por las ofensas cometidas, y le manifiesta sus necesidades, como lo hace el amigo con el amigo en quien tiene entera confianza, implorando su gracia, su amor y el paraíso.

Y, sobre todo, ¡qué ventura mayor que ocuparse en hacer actos de amor a aquel Señor que en el altar está rogando por nosotros al Padre Eterno y que por nosotros se abrasa en llamas de amor ¡Porque únicamente el amor es la causa de que pueda vivir contento, oculto y desconocido, y aun despreciado por tantos ingratos. Pero ¿a qué más palabras? "Gustadlo y veréis".

De la visita a María

En lo que hace a las visitas a María santísima, célebre y comúnmente admitida es la sentencia de san Bernardo: "que Dios no dispensa gracia sino por manos de María". Por esto, según afirma Suárez, es hoy sentir universal de la Iglesia que la intercesión de María no sólo es útil, sino también necesaria para conseguir las gracias.

Gran apoyo da a esta opinión el observar que la santa Iglesia aplique a María y ponga en sus labios las palabras de la Sagrada Escritura: "Venid a mí todos, que yo soy la esperanza de todo vuestro bien". Y luego añade: "Bienaventurado el que me escucha y es diligente en venir cada día a las puertas de mi intercesión poderosa, porque hallándome a mí hallará la vida y la salvación eterna".

Con razón, pues, quiere la Iglesia que la saludemos todos llamándola nuestra esperanza: "Salve, esperanza nuestra". Por esta razón san Bernardo, que llegó a llamar a María toda la razón de su esperanza, dice: "Busquemos y busquémosla por medio de María". Pues, en sentir de san Antonino, si pidiéramos la gracia sin su intercesión, intentaríamos volar sin alas y no lo obtendríamos.

Se lee en el libro de los *Afectos recíprocos,* del padre Auriemma, las gracias sin cuento que la Madre de Dios ha otorgado a cuantos practican la utilísima devoción de visitarla a menudo en sus iglesias o imágenes; los favores que en estas visitas dispensó a san Alberto Magno y al abad Ruperto y al padre Suárez, alcanzándoles principalmente el don de entendimiento, con que tan célebres fueron después en la Iglesia por su gran saber; las mercedes que dispensó a san Juan Berchmans, de la Compañía de Jesús, protestando renunciar a todos los amores mundanos, para no amar, después de Dios, más que a la santísima Virgen, en testimonio de lo cual tenía escritas al pie de la imagen de su amada Señora estas palabras: "No descansaré hasta que no haya logrado un tierno amor para con mi Madre".

Las gracias que concedió a san Bernardino de Siena, quien, siendo aún joven, iba todos los días a visitarla en una capilla que estaba junto a una de las puertas de dicha ciudad, diciendo que aquella Señora le había robado el corazón, por lo que la llamaba su amada, y aseguraba que no podía por menos de visitarla con frecuencia, y por su medio consiguió después la gracia de abandonar el mundo y llegar a ser tan gran santo y apóstol de Italia.

Procurad también vosotros añadir cada día a la visita de Jesús sacramentado la de María Santísima, en una iglesia o siquiera en vuestra casa, delante de alguna imagen suya. Y si lo hacéis con afecto y confianza, serán innumerables los dones que de esta agradecidísima Señora recibiréis. Pues, como advierte san Andrés Cretense, acostumbra dispensar grandes mercedes a quien le ofrece el más pequeño obsequio.

"¡Dulce María, esperanza mía!
¿Quién olvidarse podrá de ti?
¡Ten, oh gran reina, piedad de mí!"

De la comunión espiritual

Como quiera que en cada una de las siguientes visitas al Santísimo Sacramento se indica que se haga la comunión espiritual, bueno será declarar aquí lo que la misma es y de cuánto provecho sea.

Consiste la comunión espiritual, según santo Tomás, en un ardiente deseo de recibir a Jesús sacramentado, dándole luego un amoroso abrazo, como si ya se le hubiese recibido.

Cuán agradables sean a Dios estas comuniones espirituales y cuántos los favores que por ellas concede, lo manifestó el Señor a aquella su sierva sor Paula Maresca, fundadora del monasterio de

Santa Catalina de Sena, en Nápoles, mostrándole, como se lee en su vida, dos preciosísimos vasos, de oro el uno y el otro de plata, y diciéndole que conservaba en el de oro sus comuniones sacramentales y las espirituales en el de plata. A la beata Juana de la Cruz le dijo también que cuantas veces comulgaba espiritualmente recibía la misma gracia que si sacramentalmente hubiera comulgado. Pero basta saber que el santo Concilio de Trento elogia sobremanera la comunión espiritual y exhorta a los fieles a ponerla en práctica.

De ahí que todas las almas piadosas tengan la costumbre de hacer a menudo este santo ejercicio. Doscientas veces al día lo practicaba la beata Agueda de la Cruz; y solía decir el beato Fabro, primer compañero de san Ignacio, que ayuda en gran manera comulgar espiritualmente para hacer bien la comunión sacramental.

Quien desee adelantar en el amor a Jesucristo, haga la Comunión espiritual cuando menos una vez en cada visita al Santísimo Sacramento y en cada misa a que asista, aunque sería mejor hacerla tres veces en estos ejercicios, conviene, a saber: al principio, al medio y al fin.

Es esta devoción mucho más ventajosa que lo que algunos creen y a la vez facilísima. Decía la ya citada beata Juana de la Cruz que la comunión espiritual se puede hacer sin que nadie lo advierta, sin estar en ayunas, sin necesitar el permiso del director y a la hora que a uno le plazca: todo se reduce a hacer un acto de amor.

SAN ALFONSO

ORACIONES
PARA TODOS LOS DIAS

VISITAS A JESUS SACRAMENTADO

Oración para comenzar la visita diaria

Señor mío Jesucristo, que, por el amor que tienes a los hombres, estás de noche y de día en este sacramento, todo lleno de piedad y de amor, esperando, llamando y recibiendo a todos cuantos vienen a visitarte: yo creo que estás presente en el Santísimo Sacramento del altar, te adoro desde el abismo de mi nada y te doy gracias por todas las mercedes que me has hecho, especialmente por haberme dado en este sacramento tu mismo ser; por haberme concedido como abogada a tu Santísima Madre la Virgen María y por haberme llamado a visitarte en este lugar santo.

Adoro tu amantísimo Corazón y deseo adorarlo por tres fines: el primero, en agradecimiento de este tan preciado don; el segundo para desagraviarte de todas las injurias que has recibido de tus enemigos en este sacramento; y el tercero, porque deseo en esta visita adorarte en todos los lugares de la tierra donde estás sacramentado con menos culto y más abandono.

Jesús mío, te amo con todo mi corazón; pésame de haber tantas veces ofendido en lo pasado tu infinita bondad; propongo, ayudado de tu divina gracia, enmendarme en lo venidero, y ahora, pobre como soy, me consagro todo a ti. Te doy y entrego mi voluntad, mis afectos, mis deseos y todo cuanto me pertenece. De hoy en adelante haz, Señor, de mí y de mis cosas cuanto te agrade. Lo que yo quiero y te pido es tu santo amor, la perfecta obediencia a tu santísima voluntad, y la perseverancia final.

Te encomiendo, Señor, las almas del purgatorio, especialmente las más devotas de este Santísimo Sacramento, y te ruego por todos los pobres pecadores. En fin, amado Salvador mío, uno todos mis afectos y deseos con los de tu amorosísimo Corazón, y así unidos los ofrezco a tu Eterno Padre y le pido, en tu nombre, que por tu amor los acepte y atienda benignamente. Así sea.

COMUNION ESPIRITUAL

Después de la visita diaria al Santísimo

Creo, Jesús mío, que estás en el Santísimo Sacramento del altar: te amo sobre todas las cosas y deseo recibirte dentro de mi alma. Ya que no puedo hacerlo ahora sacramentalmente, ven a lo menos espiritualmente a mi corazón. Como si ya te hubiese recibido, te abrazo y me uno todo a ti. No permitas, Señor, que vuelva a separarme de tu presencia.

A MARIA SANTISIMA

Oración para finalizar la visita diaria

¡Inmaculada Virgen y Madre mía Santísima! A ti, que eres la "Madre de mi Señor", la Reina del mundo, la abogada, la esperanza y el refugio de los pecadores, acudo en este día yo, que soy el más necesitado de todos.

Te alabo, Madre de Dios y te agradezco todas las gracias que hasta ahora me has hecho, especialmente la de haberme librado del infierno que tantas veces he merecido. Te amo, Señora y Madre mía, y por el amor que te tengo te prometo servirte siempre y hacer todo lo posible para que seas también amada de los demás. En ti pongo mi esperanza y mi eterna salvación.

Madre de misericordia, acéptame por tu hijo y acógeme bajo tu manto, y ya que eres tan poderosa ante Dios, líbrame de las tentaciones y dame fuerza para vencerlas hasta la muerte.

Te pido el verdadero amor a Jesucristo. De ti espero la gracia de una buena muerte. Madre mía, por el amor que tienes a Dios, te ruego que siempre me ayudes, pero mucho más en el último momento de mi vida. No me desampares mientras no me veas a tu lado en el cielo, bendiciéndote y cantando tus misericordias por toda la eternidad. Así sea.

A SAN JOSE

Oración para finalizar la visita diaria

Acuérdate, Esposo bendito de María y amable protector mío, san José, que jamás se ha oído decir que haya nadie solicitado tu protección y reclamado tu ayuda sin haber sido consolado.

Yo vengo, pues, con confianza a

postrarme a tus pies y a encomen-
darme con fervor a tu protección.
No desprecies mis súplicas, padre
guardián del Redentor; antes escúchame benignamente y dígnate
atenderme. Así sea.

VISITA 1

Jesús, fuente de todo bien

Oración preparatoria en pág. 21

He aquí la fuente de todo bien, Jesús en el Santísimo Sacramento, el cual nos dice: "El que tenga sed venga a mí".

Cuán abundante raudal de gracias han sacado siempre los santos de esta fuente del Santísimo Sacramento, en el que Jesús dispensa todos los méritos de su pasión, como predijo el profeta: "Sacaréis aguas de las fuentes del Salvador".

La condesa de Feria, aquella ilustre discípula de san Juan de Avila, que se hizo religiosa de santa Clara y a la que, por sus largas y frecuentes visitas a Jesús sacramentado, se le dio el nombre de Esposa del Santísimo Sacramento, preguntada qué hacía tantas horas como se pasaba delante del sagrario, respondió: "De buena gana estaría yo allí por toda la eternidad".

Pues ¿qué?, ¿no está allí el Hijo de Dios que será por toda la eternidad el regalado sustento de los bienaventurados? ¡Santo Dios! Preguntan, Jesús sacramentado, qué se hace en tu presencia o qué no se hace. Mas yo digo: y ¿qué clase de bien deja de hacerse? Se ama, se alaba, se agradece, se piden gracias. ¿Qué hace un pobre en presencia de un rico? ¿Qué un enfermo delante del médico? ¿Qué un sediento a la vista de una fuente cristalina? ¿Qué un hambriento, en fin, ante un espléndido banquete?

Jesús mío amabilísimo, mi vida y mi único amor, ¡Cuánto te costó el quedarte con nosotros en este divino Sacramento! Para ello debiste morir, sin lo cual no te hubiera sido posible estar sacramentado en nuestros altares. Y ¡cuántas injurias no has tenido que tolerar en este misterio adorable para estar pronto a auxiliarnos con tu presencia! Todo lo ha superado tu amor y el deseo que tienes de ser amado por nosotros.

Ven, Señor, ven y entra dentro de mi corazón y cierra por siempre las puertas, de modo que nunca vuelva a entrar en él criatura alguna a robarme parte de aquel amor que yo te di y que te quiero dar por completo. Amado Redentor mío, domíname por entero y poséeme con un dominio ilimitado.

Si alguna vez no te obedezco cumplidamente, castígame con rigor para que en adelante sea más diligente en complacerte como quieres. Haz que no tenga otro deleite ni otro deseo que el de darte gusto, de visitarte en tus altares y entretenerme con tu presencia y recibirte en la sagrada comunión. Busquen los demás otros bienes, que yo no quiero ni deseo otro bien que el tesoro de tu amor. Este es el único que te quiero pedir al pie del altar. Haz que me olvide de mí para acordarme únicamente de tu bondad. Serafines del cielo, no os envidio vuestra gloria, sino el amor que tenéis a vuestro Dios y Dios mío. Enseñadme lo que he de hacer para amarle y darle gusto.

Jaculatoria: Jesús mío, sólo a ti

quiero amar, sólo a ti quiero agradar.

Comunión espiritual, pág. 24

A María Santísima

Otra fuente para nosotros muy preciosa es nuestra Madre María, tan rica de bienes y gracias, dice san Bernardo, que no hay hombre en el mundo que no participe de su abundancia. Dios llenó de gracia a María Santísima, como se lo reveló el Angel diciéndole: "Dios te salve llena de gracia". Pero no fue sólo para ella, sino también para nosotros, a fin de que según advierte san Pedro Crisólogo, de aquel tesoro de gracias hiciese partícipes a todos sus devotos.

Jaculatoria: Causa de nuestra alegría, ruega por nosotros.

Oración, pág. 24

¿Qué ángel o qué santo, dice san Basilio, ha merecido ser llamado padre del Hijo de Dios? Sólo san José tiene derecho a este título incomparable. Glorioso patriarca, yo venero en ti al elegido del Eterno Padre para compartir con El la autoridad que tiene sobre su Hijo. Te consagro mi corazón. Sé mi amoroso guía en el camino del cielo.

Jaculatoria: San José, padre nutricio del Hijo de Dios, ruega por nosotros.

Oración a san José, pág. 26

VISITA 2

Jesús, alimento y compañero nuestro

Oración preparatoria, pág. 21

Dice el padre Nieremberg que siendo el pan alimento que comiéndolo se consume y se conserva guardándolo, quiso Jesucristo quedarse entre nosotros como pan para ser consumido por medio de la comunión y para ser conservado en el sagrario y estar así siempre presente entre nosotros como prueba del amor que nos tiene.

"Se anonadó a sí mismo —escribe san Pablo—, tomando forma de siervo". Y ¿qué deberíamos decir nosotros al verle tomar forma de pan? No hay lengua —decía san Pedro del Alcántara—, que sea capaz de declarar el amor que Jesús tiene a cada una de las almas que está en gracia. Por eso, al partir Jesús de esta vida, para que su ausencia no nos fuera ocasión de olvido nos dejó en recuerdo este Santísimo Sacramento en que El mismo se quedaba. No sufriendo que entre El y nosotros hubiese otro testimonio de amor, sino El mismo que conservara viva la memoria.

Jesús mío, ya que estás presente en el sagrario para oír las súplicas de los desventurados que acuden a pedirte audiencia, escucha el ruego que te dirige el pecador más ingrato que vive sobre la tierra.

Arrepentido llego a tus plantas,

y me doy cuenta del mal que hice al disgustarte: por ello pido perdón por mis pecados. Dios mío, ¡ojalá nunca te hubiera ofendido!

Y después, ¿sabes, Jesús, lo que más anhelo? Desde que he conocido tu gran amabilidad, estoy enamorado de Ti, y siento un gran deseo de amarte y complacerte; pero no soy capaz sin tu ayuda. Da a conocer, mi Jesús, a todos tu sumo poder y tu bondad sin medida. Convierte a este rebelde pecador en un gran amigo tuyo. Puedes hacerlo. Suple, pues, todo lo que a mí me falta, a fin de que llegue a amarte mucho o, al menos, cuanto te he ofendido.

Te amo, Jesús, sobre todas las cosas; te quiero más que a mi vida, Dios mío, mi amor y mi todo.

Jaculatoria: ¡Dios mío y mi todo!

Comunión espiritual, pág. 24

Lleguémonos al trono de la gracia para encontrar misericordia en el momento oportuno. María es, en sentir de san Antonino, ese trono, desde el cual dispensa Dios todas las gracias. Reina amabilísima, ya que tanto deseas ayudar a los pecadores, ve aquí a un gran pecador que a ti recurre. Ayúdame con tu poder y ayúdame pronto.

Jaculatoria: ¡Refugio único de los pecadores, apiádate de mí!

Oración, pág. 24

A san José

Enseña santo Tomás que cuando Dios elige a una persona para su cargo, le da todo aquello que es preciso para desempeñarlo dignamente. Habiendo, por tanto, elegido Dios a san José para ser en la tierra padre nutricio del Verbo encarnado, debe tenerse por cierto que le agració con todos los dones de sabiduría y santidad que a tan noble cargo correspondían.

Jaculatoria: ¡San José, imagen del Padre celestial, asísteme en todas mis necesidades!

Oración, pág. 26

VISITA 3

Jesús, contento entre nosotros

Oración preparatoria, pág. 21

He aquí a Jesucristo, que, no contento con haber dado la vida en este mundo, por nuestro amor, ha querido, después de su muerte, quedarse con nosotros en el Santísimo Sacramento, declarando que entre los hombres halla El sus delicias.

"Hombres —dice santa Teresa—, ¿cómo podéis ofender a un Dios que declara hallar sus deleites en estar con vosotros?" En estar con nosotros pone Jesús sus delicias, y ¿no las pondremos nosotros en estar con Jesús, señaladamente nosotros, que tenemos la posibilidad de estar con Jesús al pie del sagrario?

Honrados se juzgan aquellos vasallos a quienes el rey da audiencia en su palacio. El sagrario es el palacio del Rey de los reyes, ésa es la casa en donde podemos encontrarnos y estar con Jesús. Sepamos agradecérselo y aprovechemos su conversación y compañía.

Aquí me tienes, Señor mío y Dios mío, delante de este altar ante el cual permaneces noche y día por mi amor. Tú eres la fuente de todos los bienes, tú el médico de todos los males, tú el tesoro de todos los pobres. Aquí está, a tus pies, el más pobre y enfermo de todos los pecadores que te pide misericordia; ten compasión de mí.

No quiero que me desanimen mis miserias, pues veo, por este sacramento, que bajas del cielo a la tierra sólo por mi bien. Te alabo, te doy gracias y te amo; y si quieres que te pida alguna dádiva, ésta es la que te pido: que me escuches favorablemente. No quiero ofenderte más; dame luz y gracia para amarte con todas mis fuerzas. Jesús, te amo con toda mi alma, te amo con todos los afectos de mi corazón. Haz que te lo diga de veras y que lo diga ininterrumpidamente en esta vida y por toda la eternidad.

Virgen María, santos mis abogados, ángeles y bienaventurados del cielo, ayudadme todos a amar a mi amabilísimo Jesús.

Jaculatoria: Jesús, Buen Pastor, pan verdadero, ten misericordia de nosotros: apaciéntanos, defiéndenos y haz que te veamos por toda una eternidad en los cielos.

Comunión espiritual, pág. 24

A María Santísima

"Sus lazos son ligadura de salud". Nos dice el devoto Pelbarto que la devoción a María es señal de predestinación. Supliquemos, pues, a nuestra Madre bendita que con amorosos lazos nos asegure siempre y cada vez más apretadamente en la confianza de su protección.

Jaculatoria: ¡Piadosa y dulce Virgen María, ruega por nosotros!

Oración, pág. 24

A san José

Observa san Juan Damasceno que el Señor dio a san José, con el fin de facilitarle su cargo cerca de Jesús, las tres cualidades principales de un excelente padre, a saber: el amor, la vigilancia y la autoridad.

Glorioso patriarca que nada deseas tanto como ver a Jesús amado, alcánzame un amor entrañable al divno Salvador, para que le ame con todas mis fuerzas.

Jaculatoria: ¡Padre adoptivo del Pastor divino, ruega por nosotros!

Oración, pág. 26

VISITA 4

Jesús, nuestro paraíso en la tierra

Oración preparatoria, pág. 21

Es tan grande el contento que en tratarse sienten los amigos del mundo, que pierden días enteros conversando juntos. De estar con Jesús Sacramentado sólo tiene fastidio el que no le ama, que para los santos ha sido el Santísimo Sacramento un paraíso anticipado.

Apareciéndose santa Teresa, a cierta persona muy espiritual, le dijo: "Los de aquí del cielo y los de ahí de la tierra hemos de ser unos en el amor y pureza; los de aquí viendo la esencia divina y los de ahí adorando al Santísimo Sacramento, con el cual habéis de hacer ahí vosotros lo que nosotros aquí con la esencia divina; nosotros gozando y vosotros padeciendo, que en esto nos diferenciamos".

He aquí, por tanto, nuestro paraíso en la tierra: Jesús en el Sacramento del altar.

Cordero inmaculado y sacrificado por nosotros en la cruz, acuérdate de que soy una de aquellas almas que redimiste con tantos dolores y con la muerte; y ya que te has dado y te das a mí todos los días, sacrificándote por mi amor en los altares, haz que te posea siempre y que no te pierda jamás, y haz también que yo sea enteramente tuyo. Me entrego a ti, para que hagas de mí cuanto te agrade. Te doy mi voluntad: aprisiónala con los dulces lazos de tu amor, a fin de que sea eternamente esclava de tu santísima voluntad.

No quiero vivir para satisfacer mis deseos, sino para complacer tu voluntad. Destruye en mí todo lo que te desagrade; dame la gracia de no tener otro pensamiento que el de servirte ni otro deseo que el de conformarme con el tuyo. Te amo, dulcísimo Salvador mío, con todo mi corazón; te amo porque deseas que te ame; te amo porque eres infinitamente digno de mi amor y siento no amarte cuanto te mereces. Quisiera, Señor, morir por tu amor. Acepta este mi deseo y dame tu amor. Así sea.

Jaculatoria: Voluntad y querer de mi Jesús, a ti me consagro por entero.

Comunión espiritual, pág. 24

"Yo soy la madre del amor hermoso", dice María, es decir, del amor que hermosea las almas. Vio santa María Magdalena de Pazzi que iba María Santísima distribuyendo un licor dulcísimo que no era sino el amor divino. Don éste que sólo María dispensa; pidámoslo, pues, a María.

Jaculatoria: Madre mía, Esperanza mía, hazme todo de Jesús.

Oración, pág. 24

A san José

Desde el momento en que san José fue designado para hacer con Jesús en la tierra las veces de Padre, el Redentor lo miró siempre como padre suyo y le obedeció en todas las cosas. ¿Y no será deber nuestro honrar a quien así ensalzó el Rey de los reyes?

Afortunadísimo san José, ¡qué gloria para ti ser tenido por padre de Jesús! Y qué felicidad para nosotros el saber que eres también nuestro padre, pues somos hermanos de Jesús.

Jaculatoria: San José, socórrenos con tu paternal patrocinio.

Oración, pág. 26

VISITA 5

Jesús, amador de los hombres

Oración preparatoria, pág. 21

El pájaro, dice David, halla habitación en los agujeros de las casas y la tórtola dentro del nido; pero tú, Dios mío, has hecho tu nido y has puesto tu habitación en la tierra, y dentro de los altares, con el fin de que te encontráramos más fácilmente y de permanecer siempre con nosotros.

Forzoso es confesar tu desmedido amor por los hombres: no sabes ya qué hacer para ganarte su amor.

Haz ahora, Jesús amabilísimo, que también nosotros nos enamoremos apasionadamente de ti. No es razón amar con tibieza a quien con tanto amor nos regala. Llévanos a ti con los dulces atractivos de tu amor; y haznos conocer las bellas prendas con las que estáis adornado para ser amado.

Siendo así que tú, Amabilidad infinita, tanto has amado a los hombres y has hecho tanto para que ellos te amen, ¿cómo es posible que sean tan pocos los que te aman? No quiero hallarme, como hasta aquí, en el número de esos ingratos: yo estoy resuelto a amarte cuanto pueda y a no amar a nadie sino a ti.

Tú te lo mereces y me lo pides con tanto apremio: quiero contentarte. Haz, Dios de mi alma, que te agrade plenamente. Te lo pido y espero por los méritos de tu Pasión.

Los bienes de la tierra dáselos a quien los desee, que yo sólo anhelo y espero el gran tesoro de tu amor. Te quiero, Jesús mío; te amo, Bondad infinita. Tú eres toda mi riqueza, toda mi alegría y todo mi amor.

Jaculatoria: Jesús mío, tú te has dado todo a mí; yo me entrego todo a ti.

Comunión espiritual, pág. 24

A María Santísima

Virgen María, san Bernardo te llama "robadora de los corazones". Dice que con tu belleza y con tu bondad andas robando los corazones. Roba, te lo pido, este corazón mío y toda mi voluntad. Yo te la entrego. Unida a la tuya, dásela a Dios.

Jaculatoria: Madre amabilísima, ruega por mí.

Oración, pág. 24

A san José

Admirados quedaron los hebreos cuando Josué mandó al sol que se detuviera y el sol le obedeció. Mayor es el poder de san José, a quien obedece, no una criatura inanimada, sino el mismo Hijo de Dios.

Abogado poderoso de nuestras almas, pide por mí a nuestro Redentor admirable; pide que me perdone mis pecados; que me desprenda de las criaturas y me abrase en su santo amor.

Jaculatoria: Otórgame, san José bendito, que cumpla siempre la voluntad de Dios.

Oración, pág. 26

VISITA 6

Jesús, nuestro tesoro

Oración preparatoria, pág. 21

Dice Jesucristo que allí donde uno cree que tiene su tesoro tiene su corazón.

Por eso los santos, que no estiman ni aman otro tesoro que a Jesucristo, tienen su corazón y todo su amor en el Santísimo Sacramento.

Amabilísimo Jesús sacramentado, que por el amor que me tienes estás encerrado noche y día en este sagrario, te ruego que atraigas hacia ti todo mi corazón, para que no piense sino en ti, ni ame, ni busque, ni espere otro bien fuera de ti. Hazlo, Jesús, por los méritos de tu Pasión, por los cuales te lo pido y espero.

Salvador mío sacramentado, ¡cuán dulces y tiernas son las invenciones de tu amor para alcanzar que las almas te amen! ¡Verbo eterno! No te has sentido satisfecho con hacerte hombre y morir por mí, sino que además me has dado este sacramento por alimento, por compañía y como garantía del paraíso.

Tú te has dignado aparecer entre nosotros como niño en un establo, como pobre en un taller, como reo en una cruz, como pan en un altar. Dime, ¿qué más puedes inventar para hacerte querer? Amable Jesús, ¿cuándo empezaré a corresponder de veras a tantas finezas de amor?

Jesús, no quiero vivir sino para amarte a ti solo. ¿Para qué quiero esta mi vida si no la empleo toda en amarte y complacerte, amado Redentor, que toda la tuya la empleaste en mi bien? Y ¿a quién he de amar sino a ti que eres todo hermoso, todo afable, todo bueno y amable sin medida?

Viva mi alma sólo para amarte; que se abrase de amor al solo recuerdo de tu amor. Y al oír nombrar el pesebre, la cruz, el Sacramento, arda toda en deseos de hacer grandes cosas por ti, Jesús mío, que tanto has hecho y padecido por mí.

Jaculatoria: Concédeme, Jesús mío, que antes de morir haga alguna obra digna de ti.

Comunión espiritual, pág. 24

"Como olivo hermoso en los campos". Yo soy, dice María, el hermoso olivo del que se extrae siempre aceite de misericordia, y estoy en campo abierto a fin de que todos me vean y puedan acudir a mí.

"Recordad —diremos con san Bernardo—, piadosísima Virgen María, que jamás se ha oído decir que haya sido de ti desamparado ninguno de cuantos se han acogido a tu socorro". No sea yo el primer desventurado que, acudiendo a ti, Madre, quede sin amparo.

Jaculatoria: María, concédeme la gracia de recurrir siempre a ti.

Oración, pág. 24

Jesús en Nazaret no daba un paso, ni comenzaba acción alguna, ni tomaba descanso, sino ajustándose a las órdenes de san José, según le fue revelado a santa Brígida.

Santo patriarca, ya que de todo un Dios fuisteis tan puntualmente servido, yo también quiero consagrarme a tu servicio. Recíbeme, te ruego, en el número de tus fieles servidores y mándame lo que te plazca.

Jaculatoria: San José, ayo de la Sabiduría Infinita, ruega por mí.

Oración, pág. 26

VISITA 7

Oración preparatoria, pág. 21

Este nuestro amoroso Pastor, que por nosotros sus ovejas dio la vida, no quiso ni aun al morir separarse de nosotros.

Vedme aquí, ovejuelas mías; vedme aquí siempre con vosotras. Por vosotras me quedé en este Sacramento y aquí me hallaréis siempre que queráis para ayudaros y consolaros con mi presencia. No os dejaré hasta el fin de los tiempos, mientras en la tierra viváis.

Dice san Pedro de Alcántara que, deseando el Esposo, en ausencia tan larga, dejar a su esposa alguna compañía para que no quedase sola, le dejó este sacramento, en el que El mismo se quedaba, por ser la mejor compañía con que podía regalarla.

Salvador mío amabilísimo, vengo a este altar a visitarte en este día. Pero tú me devuelves la visita, con un amor infinito, cuando en la sagrada comunión vienes a mi alma. Entonces no sólo te haces presente en mí, sino que te conviertes en mi alimento y te entregas y unes todo entero a mi alma, de suerte que en verdad puedo decir: Ahora, buen Jesús, eres todo mío.

Jesús, ya que del todo te entregas a mí, es razón que yo me entregue enteramente a ti. Soy un vil gusano y tú el Rey del universo.

Dios amorosísimo y amor de mi alma, ¿cuándo será que de verdad y no sólo de palabra me consagre enteramente a ti? Tú puedes hacerlo; aumenta, pues, en mí la confianza por los méritos de tu sangre, a fin de que consiga, antes de mi muerte, la gracia de verme todo tuyo y nada mío.

Deseo, Jesús, amarte con todas mis fuerzas y obedecerte en todo cuanto me mandes, sin interés, sin premio ni consuelo. Sólo por agradarte, sólo por complacer tu Corazón, de mí tan apasionadamente enamorado.

Amarte será mi premio, Hijo del Eterno Padre. Toma mi libertad, mi voluntad, todas mis cosas, todo mi ser, y date todo a mí. Te amo, te busco y por ti suspiro. Sí, te amo, te amo, te amo.

Jaculatoria: Jesús mío, haz que sea todo tuyo.

Comunión espiritual, pág. 24

A María Santísima

Señora mía amabilísima, la Iglesia toda te proclama y saluda: Esperanza nuestra.

Ya que eres la esperanza de todos, sé también mi esperanza. San Bernardo te llamaba toda la razón de su esperanza, y añadía: "En ti espere el que desespera".

Esto es lo que yo quiero decirte: Madre mía, tú salvas hasta a los desesperados. En ti pongo toda mi esperanza.

Jaculatoria: Madre de Dios, ruega a Jesús por mí.

Oración, pág. 24

Quien tiene derecho sobre un árbol, lo tiene sobre su fruto.

Por eso san José, aunque no tuvo sobre Jesús la formal autoridad de verdadero padre, tenía con todo, como esposo de María, cierto derecho sobre el Hijo de esta bendita Virgen.

Yo venero en ti, admirable san José, la persona escogida por el Espíritu Santo, que quiso confiarte a su Esposa inmaculada, dándotela por compañera.

Jaculatoria: San José, esposo virgen de la Virgen Madre, ruega por nosotros.

Oración, pág. 26

VISITA 8

Oración preparatoria, pág. 21

A toda alma que visita a Jesús en el Santísimo Sacramento le dice el Señor las palabras con las que saluda a la sagrada Esposa: "Levántate, apresúrate, amiga mía, hermosa mía, y ven".

"Levántate", alma que me visitas y sal de tus miserias, que yo estoy aquí para enriquecerte con mi gracia. "Apresúrate" y recuéstate a mi vera y no te espante mi majestad, que precisamente se ha humillado en este sacramento para quitarte el temor y darte confianza.

"Amiga mía", ya no eres mi enemiga, sino mi amiga, ya que tú me amas y yo también te amo. "Hermosa mía", mi gracia te ha hecho hermosa: ea, ven, abrázate conmigo y pídeme cuanto quieras con entera confianza.

Decía santa Teresa que este gran Rey de la gloria se ha disfrazado bajo la forma de pan en el Santísimo Sacramento y con ella ha encubierto su majestad, a fin de que nos lleguemos con más confianza a su divino Corazón.

Acerquémonos a Jesús con gran confianza y afecto; unámonos a El y pidámosle sus gracias.

Qué alegría la mía, Verbo eterno hecho hombre y sacramentado por mi amor, sabiendo que estoy delante de ti, que eres mi Dios, majestad infinita e infinita bondad, y que tanto cariño tienes a mi alma.

Almas que amáis a Dios, ora estéis en el cielo o en la tierra, amadle también por mí. María, Madre mía, ayúdame a amarle. Sé tú, amantísimo Señor, el único objeto de todos mis quereres. Apodérate de mi voluntad y poséeme enteramente. Te consagro mi mente para que piense siempre en tu bondad; te consagro mi cuerpo, para que me ayude a complacerte; te consagro mi alma, para que sea totalmente tuya.

Quisiera, Amado de mi alma, que conociesen todos los hombres la ternura del amor que les tienes, a fin de que todos viviesen sólo para honrarte y complacerte, como tú lo deseas y mereces. Viva yo a lo menos siempre enamorado de tu infinita belleza. Quiero de hoy en adelante hacer todo cuanto pueda para agradarte. Propongo desprenderme de cualquier cosa, en cuanto sepa que te disgusta, por mucho que me cueste, aunque tenga que perderlo todo, hasta la misma vida. Por muy dichoso me tendría si por ganarte a ti lo perdiera todo, mi Dios, mi tesoro, mi amor y mi todo.

Jaculatoria: Jesús, amor mío, apodérate de mí y poséeme por entero.

Comunión espiritual, pág. 24

A María Santísima

"Quien sea pequeñuelo venga a mí". María llama a todos los pequeñuelos que no tienen madre, con el fin de que acudan a ella, como a la más cariñosa de todas las madres.

Dice el padre Nieremberg que el amor de todas las madres es sombra y nada en comparación con el amor que María nos tiene a cada uno de nosotros.

Madre de mi alma, que tanto amas y deseas mi salvación más que nadie, después de Dios, muestra que eres mi madre.

Jaculatoria: Haz, Madre mía, que siempre me acuerde de ti.

Oración, pág. 24

A san José

"No sé —decía santa Teresa—, cómo se puede pensar en la Reina de los ángeles y en el tiempo tan largo que pasó con el Niño Jesús, que no se den gracias a san José por lo bien que les ayudó".

Bienaventurado san José, por el mutuo amor que entre María, tu esposa, y tú reinaba, alcánzame la gracia de servirla fielmente y amarla con todo mi corazón.

Jaculatoria: San José, amparo de la Virgen María, ruega por nosotros.

Oración, pág. 26

VISITA 9

Jesús, desea comunicarnos sus gracias

Oración preparatoria, pág. 21

Vio san Juan en el Apocalipsis al Señor ceñidos los pechos y sostenidos con una faja de oro.

No de otra suerte aparece Jesús en el Santísimo Sacramento del altar, henchidos los pechos de la mística leche de las gracias que en su misericordia anhela dispensarnos. Y así, cual la madre que al sentir lleno el pecho va en busca de su pequeñuelo a quien darlo para que le alivie de su peso, nos invita diciendo: "Traídos seréis a los pechos".

El padre Baltasar Alvarez vio a Jesús que estaba en el sacramento con las manos llenas de gracias, buscando a quien dispensarlas; y santa Catalina de Siena, siempre que se acercaba al Santísimo Sacramento, hacíalo con aquella prisa y ansia amorosa con que un niño se llega al pecho de su madre.

Hijo amado del Padre, reconozco que eres el objeto más digno de ser amado. Deseo amarte cuanto mereces, o, al menos, cuanto puede un alma desear amarte. Comprendo que yo, traidor y rebelde a tu amor, no merezco amarte ni siquiera estar a tu lado como estoy ahora en esta iglesia. Pero sé que tú quieres mi amor y siento que me dices: "Dame, hijo mío, tu corazón". "Amarás al Señor, Dios tuyo, con todo tu corazón".

Comprendo que me has conservado la vida y no me has precipitado en el infierno para que me convierta del todo a tu amor. Ya que tú quieres ser amado de mí, aquí me tienes, Dios mío: a ti me rindo y a ti me entrego, que eres todo bondad y amor.

Te elijo por único Rey y Dueño de mi pobre corazón. Tú lo quieres y yo te lo quiero dar: frío está, frío y sucio; pero si lo aceptas, tú lo cambiarás. Transfórmame, Jesús mío, transfórmame, pues no quiero vivir como en lo pasado, tan ingrato y tan poco amante de ti, bondad infinita, que tanto me amas y que mereces un amor infinito. Haz que de hoy en adelante te compense con mi amor el que he dejado de tenerte en la vida pasada.

Jaculatoria: Dios mío, quiero amarte, quiero amarte.

Comunión espiritual, pág. 24

A María Santísima

Toda semejante a Jesús es su Madre María, que, siendo Madre de misericordia, goza socorriendo y consolando a los miserables.

Y es tanto lo que desea esta Madre dispensar sus gracias a todos, que, según san Bernardino de Busto, más desea ella hacerte bien y concederte gracias que tú deseas recibirlas.

Jaculatoria: Dios te salve, vida y esperanza nuestra.

Oración, pág. 24

A san José

Yo he enviado mi Hijo al mundo, parece que dijo Dios a san

José, y le he enviado pobre y humilde, sin esplendor de riquezas ni poder. Sé tú su guarda y su padre en lugar mío. En tus manos lo encomiendo: cuídalo y seme fiel.

Afortunado patriarca, te ruego por ese sagrado depósito que te fue confiado que conserves siempre en mi alma el divino depósito de la gracia y los dones del Espíritu Santo.

Jaculatoria: San José, guardián del Niño Jesús, ruega por nosotros.

Oración, pág. 26

VISITA 10

Oración preparatoria, pág. 21

Insensatos del mundo, dice san Agustín; desdichados, ¿adónde vais para satisfacer vuestro corazón? Venid a Jesús, que solamente El os puede dar el contento que buscáis.

Alma mía, no seas tú tan insensata. Busca sólo a Dios, en el cual están todos los bienes, como dice el mismo santo. Y si lo quieres encontrar pronto, aquí lo tienes muy cerca de ti: dile lo que quieres, pues está en el sagrario para oírte y consolarte.

No a todos les es dado, dice santa Teresa, hablar con el rey: lo más a que pueden aspirar algunos es a hacerlo por tercera persona. Pero para hablarte a ti, Rey de los cielos, no hacen falta intermediarios, pues estás siempre dispuesto a dar audiencia a todos en el Santísimo Sacramento del altar. Ahí te halla todo el que quiere y te habla con la mayor llaneza.

Y aunque llegue alguien a hablar con el rey, ¿cuánto tiene que esperar? Los reyes dan audiencia pocas veces al año. Pero tú, en este sacramento, siempre que queremos nos das audiencia, lo mismo de noche que de día.

Jesús sacramentado, que, ya dándote en la comunión, ya permaneciendo en los altares, sabes con los dulces hechizos de tu amor atraer a tantos corazones que, enamorados de ti, arden felicísimos en tu amor y piensan continuamente en ti, arrastra también este mi pobre corazón, que desea amarte y vivir esclavo de tu amor.

De hoy en adelante pongo en tus manos todos mis intereses, mis esperanzas, mis afectos, mi alma, mi cuerpo, en fin, todo mi ser. Acéptame, Señor, y dispón de mí como te plazca. No quiero lamentarme más, amor mío, de tus santas disposiciones: sé que, procediendo de tu amoroso corazón, amorosas y para mi bien han de ser todas. Me basta que tú lo quieras para que yo las quiera tanto en el tiempo como en la eternidad.

Haz en mí y de mí lo que te agrade. Me uno enteramente a tu voluntad, que es por encima de todo buena y hermosa, perfecta y amable. Voluntad de mi Dios, ¡cuán agradable eres para mí! Quiero vivir y morir abrazado contigo. Tu gusto es mi gusto, y quiero que tus deseos sean también mis deseos.

Dios mío, Dios mío, ayúdame y haz que desde hoy viva sólo para ti, sólo para querer lo que tú quieras, sólo para amar tu entrañable voluntad. Muera yo por tu amor, ya que tú has muerto antes por mí y por mí te has hecho alimento de mi alma. Maldigo aquellos días en que hice mi voluntad, con tanto disgusto tuyo.

Te amo, voluntad de mi Dios, cuanto amo a Dios, puesto que eres el mismo Dios. Te amo con todo mi corazón y a ti me entrego sin reticencias.

Jaculatoria: Voluntad de mi Dios, tú eres mi único amor.

Comunión espiritual, pág. 24

A María Santísima

Nos dice la Reina de los cielos: "En mi mano están las riquezas para enriquecer a los que me aman".

Amemos a María si queremos ser ricos. Raimundo Jordán la llama "tesorera de las gracias". Bienaventurado el que con amor y confianza invoca a María. Madre mía, esperanza mía, tú puedes hacerme santo: de ti espero esta gracia.

Jaculatoria: Madre de amor, ruega por mí.

Oración, pág. 24

Dios constituyó a san José cabeza de la familia de Nazaret, reducida en número, pero grande por las personas que la componían. En aquella casa mandaba José, y Jesús y María obedecían.

Me alegro contigo, bendito patriarca, al contemplar tu dicha, y te pido humildemente me recibas como siervo tuyo y dispongas de mí como te plazca.

Jaculatoria: San José, tutor de la Sagrada Familia, ruega por nosotros.

Oración, pág. 26

VISITA 11

Oración preparatoria, pág. 21

"Procuremos —dice santa Teresa— no alejarnos ni perder de vista a nuestro querido pastor Jesús, porque las ovejas que andan cerca del pastor siempre son más regaladas y siempre les da bocadillos más particulares de lo que El mismo come.

Si el pastor se esconde o duerme, no se aparta ella de un lugar hasta que aparece o despierta el pastor, o ella misma, balando con perseverancia, le despierta, y entonces con nuevo regalo es de él acariciada".

Mírame, Jesús sacramentado, junto a ti: no quiero otro regalo que el fervor y la perseverancia en tu amor.

Gracias te doy, fe santa, porque me enseñas y aseguras que en el Sacramento del altar, en aquel pan celestial, no hay pan, sino que está realmente mi Señor Jesucristo y que está por mi amor.

Señor mío y todo mi bien, creo que estás presente en el Santísimo Sacramento, y aunque escondido a los ojos del cuerpo, te reconozco con la luz de la fe en la hostia consagrada por Rey del cielo y de la tierra y por el Salvador del mundo. Y así, dulce Jesús mío, como eres mi esperanza, mi salvación, mi fortaleza y mi consuelo, quiero que seas también todo mi amor y el único objeto de todos mis pensamientos, deseos y afectos.

Más me gozo de la suma felicidad que disfrutas y disfrutarás eternamente que de todos los bienes que pudiera yo gozar en la tierra y en el cielo. Mi mayor satisfacción es saber que tú, Redentor mío, eres totalmente dichoso y que tu felicidad es infinita.

Reina, Jesús mío, reina en mi alma. Yo te la entrego sin limitaciones y con el fin de que la poseas por toda una eternidad. Sean mi voluntad, mis sentidos y mis potencias esclavos de tu amor y no me sirvan en este mundo más que para darte gusto y gloria.

Fue así tu vida, primera amante y Madre de mi Jesús, María Santísima. Ayúdame, Madre, y alcánzame que en el futuro viva feliz siendo todo de Dios a ejemplo tuyo.

Jaculatoria: Jesús mío, sea yo todo tuyo y tú todo mío.

Comunión espiritual, pág. 24

A María Santísima

"Bienaventurado el que vela a mis puertas todos los días y aguarda a los umbrales de mi casa". Dichoso el que, como los pobres que están a la puerta de los ricos, pide solícito limosna a las puertas de la misericordia de María. Y más feliz aún el que cuida de imitar las virtudes que ve en María, pero en especial su pureza y su humildad.

Jaculatoria: Ayúdame, Esperanza mía.

Oración, pág. 24

A san José

San José, según el pensamiento de san Bernardo, fue el siervo fiel y prudente escogido para ser no sólo el sostén de la Madre de Dios y del mismo Jesucristo, sino también el fidelísimo cooperador de los designios de la Santísima Trinidad.

Afortunado san José, puesto que con tanta fidelidad desempeñaste el cargo que te confió la Providencia, te ruego que me concedas la gracia de ser diligente en el cumplimiento de las obligaciones de mi estado.

Jaculatoria: San José bendito, guíame por los caminos del cielo.

Oración, pág. 26

VISITA 12

Jesús, centro de nuestros amores

Oración preparatoria, pág. 21

El que ama a Jesús está con Jesús y Jesús está con él. "Si alguien me ama será amado de mi Padre, y vendremos a él y estableceremos en él nuestra morada".

Cuando san Felipe Neri comulgó por viático, al ver entrar al Santísimo Sacramento exclamó: "He aquí el amor mío, he aquí el amor mío". Diga, pues, cada uno de nosotros en presencia de Jesús Sacramentado: He aquí el amor mío, he aquí el motivo de mis amores durante mi vida y por toda la eternidad.

Señor y Dios mío, dijiste en el Evangelio que "quien te ame será amado de ti y vendrás a él y establecerás en él tu morada para siempre".

Yo te amo sobre todo bien. Amame tú, Jesús, porque estimo en más el ser amado de ti que poseer todos los reinos del mundo. Ven y establece tu morada en la pobre casa de mi alma, de tal suerte que nunca te apartes de mí, o, por mejor decir, que nunca te despida yo, ya que tú nunca te vas si antes no eres despedido.

Mas como te arrojé en el pasado, pudiera ser que te despidiera de nuevo. No permitas que yo cometa esta maldad y horrenda ingratitud, precisamente yo, tan singularmente favorecido de ti. No permitas que te arroje de mi alma. Pero, ¡ay!, ello puede suceder...

Por eso, Señor mío, prefiero la muerte, si es de tu agrado, con el fin de que, muriendo unido contigo, contigo viva unido eternamente. Sí, Jesús, así lo espero. Te abrazo y estrecho contra mi pobre corazón. Haz que siempre te ame y sea siempre amado de ti. Sí, amable Redentor mío, siempre te amaré y tú siempre me amarás. Espero que nos amaremos, Dios de mi alma, por toda la eternidad. Así sea.

Jaculatoria: Jesús mío, quiero amarte siempre y ser amado de ti.

Comunión espiritual, pág. 24

A María Santísima

"Los que se guían por mí no pecarán. El que trata de obsequiarme

—dice María— alcanzará la perseverancia. Los que me glorifican tendrán la vida eterna". Y los que trabajan en hacer que los demás me conozcan y amen serán predestinados".

Promete, pues, hablar siempre que puedas, pública o privadamente de las glorias y de la devoción de María.

Jaculatoria: Quiero alabarte en todo momento, Virgen María.

Oración, pág. 24

A san José

San José es llamado en el Evangelio hombre justo, es decir, hombre perfecto que posee todas las virtudes.

San José, modelo perfectísimo de justicia y santidad, dígnate adornar mi alma con las virtudes que tan admirablemente resplandecieron en la tuya. Concédeme sobre todo un amor ardentísimo a Jesús y a su Santísima Madre.

Jaculatoria: San José, modelo de santidad, ruega por nosotros.

Oración, pág. 26

VISITA 13

Jesús, huésped amable del alma

Oración preparatoria, pág. 21

"Mis ojos y mi corazón estarán aquí todos los días".

Mira cómo cumple Jesús esta su hermosísima promesa en el Santísimo Sacramento del altar, donde se ha quedado con nosotros de noche y de día. Bastaría y aún sobraría, Señor mío, quedarte en este Sacramento durante el día, cuando podías tener en tu presencia adoradores que te hicieran compañía. Pero

¿para qué permanecer también por la noche, cuando los hombres cierran las iglesias y se retiran a sus casas, dejándote enteramente solo?

Pero ya lo entiendo: el amor te hizo prisionero nuestro. El amor apasionado que nos tienes te ata a este mundo, de forma que ni de noche ni de día te permite alejarte de nosotros.

Amado Salvador mío, esta tu sola fineza de amarnos debiera forzarnos a todos los hombres a acompañarte en el sagrario, hasta que por fuerza nos echaran de allí. Y al retirarnos debiéramos dejar al pie del altar nuestro corazón y todos nuestros cariños en obsequio del Dios humano, que está allí solo y oculto en el tabernáculo, hecho todo ojos para ver y remediar nuestras necesidades y todo corazón para amarnos, anhelando siempre que amanezca el día a fin de que las almas, sus amadas, vayan a visitarle.

Sí, Jesús mío, yo quiero contentarte, yo quiero consagrarte toda mi voluntad y todos mis afectos.

Bondad infinita de mi Dios, te has querido quedar en este Sacramento no sólo para estar presente y próximo a nosotros, sino especialmente para comunicarte a las almas que tanto quieres. Pero, Señor, ¿quién se atreverá a acercarse a tu mesa y alimentarse de tu cuerpo? O más bien, ¿quién podrá alejarse de ti?

Te ocultas en la hostia consagrada para entrar dentro de nosotros y poseer nuestros corazones. Ardes en deseos de que te recibamos y te complaces en unirte con nosotros. Ven, Jesús, pues; ven: deseo recibirte dentro de mí para que seas el

Dios de mi corazón y de mi voluntad.

Cuanto hay en mí, amado Redentor, lo sacrifico a tu amor: satisfaciones, placeres, voluntad propia. Todo te lo entrego, Dios de amor, reina, triunfa enteramente en mí; y destruye y sacrifica cuanto sea mío y no tuyo.

No permitas que mi alma, llena de Dios después de haberte recibido en la santa comunión, vuelva a aficionarse a las criaturas. Te amo, Dios mío; te amo y sólo a ti quiero amarte para siempre.

Jaculatoria: Jesús, atráeme con los lazos imperiosos de tu amor.

Comunión espiritual, pág. 24

A María Santísima

Nos exhorta san Bernardo a que busquemos la gracia y la busquemos por medio de María.

Ella, dice san Pedro Damiano, es la tesorera de las divinas misericordias: puede y quiere enriquecernos, que por eso nos invita y llama diciendo: "Quien sea pequeñuelo venga a mí".

Señora amabilísima, noble y amable, mira a este pobre pecador que a ti se encomienda y que confía enteramente en ti.

Jaculatoria: Bajo tu amparo nos acogemos, santa Madre de Dios.

Oración, pág. 24

A san José

Tales fueron los dones más señalados que, a juicio de Jersón, recibió de Dios el glorioso san José: el haber sido santificado en el seno de su madre como Jeremías y el Bautista, el haber sido en aquel momento confirmado en gracia y, finalmente, el haber estado siempre libre de los apetitos de la concupiscencia.

Concédeme, casto esposo de la Virgen, una caridad tan ardiente que consuma en mí todos los afectos terrenos.

Jaculatoria: Aparta de mí, casto José, las tentaciones impuras.

Oración, pág. 26

VISITA 14

Jesús, escucha benigno nuestras peticiones

Oración preparatoria, pág. 21

Amable Jesús, yo te oigo decir desde ese sagrario donde moras: "Este es mi descanso para siempre. Aquí habitaré porque es el lugar que me escogí".

Si has puesto tu casa en el altar y te has quedado con nosotros en el Santísimo Sacramento y por el amor que nos tienes encuentras aquí tu descanso, es también justo que nuestros corazones habiten siempre contigo por amor en el sagrario y tengan en él todo su contentamiento y sosiego.

Dichosas vosotras, almas amantes, que no halláis en el mundo más grato reposo que estar a la vera de Jesús sacramentado. Y dichoso yo, Señor mío, si no encontrara de hoy en adelante dicha mayor que la de permanecer en tu presencia o pensar siempre en ti, que en el Santísimo Sacramento estás pensando en mí y en mi bien.

Señor mío, ¿por qué perdí tantos años en que no os amé? Años míos infelices, os maldigo y te bendigo a ti, ¡paciencia infinita de mi Dios!, que tanto tiempo me has sufrido, ingrato como era a tu amor.

Mas con ser tan ingrato me has esperado, ¿por qué, Dios mío, por qué? Para que, vencido al fin por tu amor y misericordia, me entregase del todo a ti. No quiero, Jesús, oponer más resistencia, no quiero ser desagradecido por más tiempo. Justo es que te consagre el tiempo, poco o mucho, que me queda de vida.

Espero, Jesús, que me ayudes para ser todo tuyo. Si me ayudaste cuando huía de ti y menospreciaba tu amor, ¡cuánto más me ayudarás ahora, que te busco y deseo amarte! Dame la gracia de amarte, tú que eres digno de un amor infinito.

Te amo con todo mi corazón, te amo por encima de todas las cosas, te amo más que a mí mismo, más que a mi vida. Amor infinito, perdóname y junto con el perdón dame la gracia de amarte apasionadamente hasta el fin de mi vida y por toda la eternidad en el cielo.

Hazme ver con tu poder, Dios todopoderoso, este prodigio, el que un alma tan ingrata como la mía llegue a ser una de las más amantes tuyas. Hazlo por tus méritos, Jesús mío. Así lo deseo y así propongo vivir hasta la muerte. Tú que me inspiras el deseo, dame fuerza para realizarlo.

Jaculatoria: Gracias, Jesús, por haberme esperado hasta ahora.

Comunión espiritual, pág. 24

A María Santísima

"Nadie se salva —dice san Germán, hablando con María Santísima—, sino por ti, nadie se libra de sus males sino por ti, a nadie se concede gracia alguna sino por tu intercesión".

De suerte, Señora y esperanza mía, que si no me ayudas estoy perdido y no podré llegar a bendecirte en el paraíso. Pero sé muy bien lo que dicen los santos, que no desamparas a quien recurre a ti y que sólo se pierde quien no te invoca. Yo, pobrecito, acudo a ti y en ti pongo toda mi esperanza.

Jaculatoria: "Esta es toda mi confianza, ésta es la razón de mi esperanza" (san Bernardo).

Oración, pág. 24

A san José

En la conversación y trato continuo con la Madre de Dios adelantó incesantemente el santo patriarca en el camino de la santidad.

Por un lado, le estimulaban los ejemplos de su celestial Esposa, y por otro, como quiera que ella es la dispensadora de las gracias, ¿quién puede dudar que las derramaría en abundancia sobre su amadísimo esposo?

Castísimo esposo de María, dame

a conocer las virtudes de la Madre de Dios para imitarlas y sus grandezas para celebrarlas de continuo.

Jaculatoria: Otórgame, san José bendito, la gracia de amar, servir e imitar a María.

Oración, pág. 26

VISITA 15

Jesús, es fuego que inflama los corazones

Oración preparatoria, pág. 21

Decía el padre Francisco Olimpio, teatino, no haber cosa en la tierra que más vivamente encienda el fuego del amor divino en los corazones de los hombres que el Santísimo Sacramento del altar.

Se mostró el Señor a santa Catalina de Siena en este divino misterio como una hoguera de amor, de la cual brotaban torrentes de divinas llamas que se esparcían por toda la tierra, dejando atónita a la santa al considerar cómo podían vivir los hombres sin abrasarse de amor en medio de tales incendios de amor divino.

Haz, Jesús mío, que por ti me abrase; haz que no piense, ni suspire, ni desee, ni busque cosa alguna fuera de ti. Dichoso yo si este tu santo fuego se apodera de mí y, al paso que se van consumiendo mis años, fuesen felizmente destruyéndose en mí todos los afectos terrenos.

Jesús mío, te veo enteramente sacrificado, anonadado y destruido por mi amor en ese altar. Justo es, por tanto, que así como tú, víctima de amor, te sacrificas por mí, yo me consagre del todo a ti. Sí, Dios mío y mi amable Señor, te sacrifico hoy toda mi alma, toda mi voluntad, mi vida toda y a mí mismo.

Uno este mi humilde sacrificio con el sacrificio infinito que de sí mismo te hizo, Padre Eterno, tu Hijo Jesús, mi divino Salvador, una vez en el ara de la cruz y que tantas veces te renueva diariamente en los altares. Acéptalo por los méritos de Jesús y dame gracia para repetirlo todos los días de mi vida y para morir sacrificándome enteramente en honra tuya.

Deseo la gracia a tantos mártires concedida de morir por tu amor. Pero si no soy digno de tal favor, concédeme al menos que te sacrifique mi vida con toda mi voluntad, aceptando la muerte que quieras enviarme. Anhelo, Señor, esta gracia: quiero morir con la voluntad de honrarte y complacerte. Desde ahora te sacrifico mi vida y te ofrezco mi muerte, sea cual fuere y cuando quieras, por tu amor.

Jaculatoria: Jesús mío, quiero morir por tu amor.

Comunión espiritual, pág. 24

A María Santísima

Déjame, dulcísima Virgen María, que te llame, con tu siervo san Bernardo, "toda la razón de mi esperanza". Y que te diga con san Juan Damasceno: "En ti he puesto toda mi confianza".

Tú me has de alcanzar el perdón de mis pecados, la perseverancia hasta la muerte y verme libre del purgatorio.

Por ti logran la salvación los que se salvan. Tú, Madre mía, me has de salvar. "Quien tú quieras se salvará", dice san Bernardo. Quiero salvarme, y me salvaré. Y como das la salvación a cuantos te invocan, te invocaré diciendo:

Jaculatoria: "Salvación de los que te invocan, sálvame" (san Buenaventura).

Oración, pág. 24

A san José

"Subió José —dice el Evangelista— a la ciudad de David, llamada Belén, y María dio a luz a su Hijo primogénito y le envolvió en pañales y le recostó en un pesebre".

Santo patriarca, por la pena que sin duda tuviste al presenciar la extrema pobreza del Verbo encarnado, te suplico me concedas un vivísimo dolor de mis pecados, ya que ellos fueron la causa de las amarguras de Jesús.

Jaculatoria: Haz, José bendito, que imite la pobreza de Jesús.

Oración, pág. 26

VISITA 16

Jesús, médico de las almas

Oración preparatoria, pág. 21

Si los hombres recurriesen siempre al Santísimo Sacramento para buscar remedio de sus males, no se encontrarían tan desvalidos como se hallan. Lamentábase Jeremías diciendo: "¿Por ventura no hay bálsamo en Galaad o no hay allí médico?"

Galaad, monte de la Arabia, rico en ungüentos aromáticos, simboliza, en sentir de san Beda, a Jesucristo, que tiene preparados en este

Sacramento todos los remedios para nuestros males. ¿Por qué, pues, hijos de Adán —parece que nos dice el Redentor—, por qué os quejáis de vuestros males cuando tenéis en este Sacramento el médico y el remedio de todos ellos? "Venid a mí todos y yo os aliviaré". Quiero deciros con las hermanas de Lázaro: "Ved que está enfermo el que amáis".

Señor, yo soy el desventurado a quien tanto amáis y tengo el alma toda llagada por los pecados que he cometido. A ti acudo, divino médico mío, para que me cures. Tú puedes curarme si quieres. "Sana mi alma, porque pequé contra ti".

Llévame del todo a ti, Jesús mío, con los dulces lazos de tu amor. Más quiero estar unido a ti que ser dueño de toda la tierra, ya nada deseo en este mundo más que amarte. Poco tengo que ofrecerte, pero si poseyera todos los reinos de este mundo, los quisiera solamente para renunciarlos todos por tu amor. Te entrego cuanto poseo: parientes, comodidades, gustos y hasta los consuelos espirituales.

Renuncio a mi libertad y a mi propia voluntad y te entrego todos mis afectos. Te amo, Bondad infinita; te amo más que a mí mismo, y espero amarte por toda una eternidad.

Jaculatoria: A ti me entrego, Jesús mío: no dejes de recibirme.

Comunión espiritual, pág. 24

A María Santísima

Dijiste, Virgen Santa, a santa Brígida: "Por mucho que haya pecado el hombre, si verdaderamente arrepentido se vuelve a mí, yo estoy pronta a acogerlo. No miro la muchedumbre de sus culpas, sino la disposición con que a mí viene. Ni me desdeño de poner bálsamo en sus llagas y curárselas; porque me llaman, y soy en verdad, Madre de misericordia".

Ya que puedes y deseas curarme, a ti acudo, Médica celestial, para que cures las innumerables llagas de mi alma. Con sólo una palabra que digas a tu Hijo quedaré curado.

Jaculatoria: María, Madre mía, ten piedad de mí.

Oración, pág. 24

A san José

Se apareció en sueños el ángel del Señor a san José y le dijo: "Levántate, toma al Niño y a su Madre y huye a Egipto".

Poderoso protector mío, por tu pronta obediencia a la voluntad divina, alcánzame de Jesús la gracia de cumplir fielmente los divinos preceptos, y haz, al mismo tiempo, que en mi viaje hacia la eternidad nunca pierda la amistad y compañía de Jesús y de María.

Jaculatoria: San José, guía de Jesús en su huida a Egipto, ruega por mí.

Oración, pág. 26

VISITA 17

Jesús, consolador de los hombres

Oración preparatoria, pág. 21

Para los amigos no hay alegría mayor que el estar con las personas a quienes aman.

Si amamos mucho a Jesucristo, permanezcamos en su presencia. Jesús en el Santísimo Sacramento nos ve y nos oye, y ¿no le diremos nada? Consolémonos con su compañía, gocemos de su gloria y del amor que tantas almas enamoradas tienen al Santísimo Sacramento. Deseemos que todos amen a Jesús sacramentado y le consagren sus corazones, y, por lo menos, nosotros démosle todo nuestro afecto, de tal modo que sea El nuestro amor y nuestro único deseo.

El padre Sales, de la Compañía de Jesús, se sentía satisfecho con sólo oír hablar del Santísimo Sacramento y nunca se saciaba de visitarle. Si le llamaban a la portería, si volvía a su aposento, si andaba por la casa, procuraba siempre, con tales ocasiones, repetir las visitas a su amado Señor, de tal manera que no pasaba hora del día sin que le visitase. Y mereció, al fin, morir a manos de los herejes en defensa de la verdad de este Sacramento.

¡Si tuviera yo la dicha de morir por tan hermosa causa como es defender la verdad de este misterio, en el cual, mi Jesús, me has dado a entender el tierno amor que me tienes! Pero ya que tú, Señor mío, haces tantos milagros en este Sacramento, haz uno más atrayéndome del todo a ti. Me quieres enteramente tuyo y te lo mereces de verdad. Dame fuerzas para que te ame con todo mi corazón.

Los bienes del mundo dáselos a quien tú quieras, que yo renuncio a todos ellos. Mi único deseo, mi aspiración única, es tu amor. Esto sólo pido y pediré siempre. Te amo, Jesús mío; haz que te ame siempre y no quiera otra cosa.

Jaculatoria: Jesús, ¿cuándo te amaré de veras?

Comunión espiritual, pág. 24

A María Santísima

Reina mía dulcísima, cuánto me agrada este hermoso nombre con que os invocan vuestros devotos: "Madre amable".

Sí, Señora mía, te encuentro, a la verdad, toda amable. Tu belleza enamoró a tu mismo Señor. "El Rey deseó tu belleza".

Dice san Buenaventura que es tan amable vuestro nombre para los que os aman, que sólo al pronunciarlo o al oírlo pronunciar sienten que se inflama y acrecienta el deseo de amaros. Dulce, compasiva, amabilísima María, no es posible nombrarte sin que se encienda y recree el afecto de quien te ama. Justo es, pues, Madre del todo amable, que yo te ame. Mas no me contento sólo con amarte, sino que deseo ahora en la tierra y después en el cielo ser, después de Dios, el que más te ame. Y si tal deseo es atrevido en demasía, cúlpese a tu amabilidad y al especial amor que me has demostrado. Si fueses menos amable, menos desearía yo amaros.

Acepta, Virgen bendita, este mi deseo, y en prueba de que me lo has aceptado, consígueme de tu Jesús este amor que te pido, ya que tanto agrada a Dios el amor que te tenemos.

Jaculatoria: Madre mía, te amo con toda mi alma.

Oración, pág. 24

A san José

Si el Señor ha prometido celestial recompensa a quien diere en su nombre a los pobres un vaso de agua, ¿cuál no habrá sido el galardón de José, que no sólo dio a Jesús el pan, el agua, el vestido y la habitación, sino que además le salvó la vida, librándole de las manos de Herodes?

Alcánzame, santo patriarca, la gracia de trabajar por la gloria de Dios y cuantas necesito para resignarme en todo a su voluntad santísima.

Jaculatoria: San José, guardián del Salvador del mundo, ruega por mí.

Oración, pág. 26

VISITA 18

Jesús, esperándonos

Oración preparatoria, pág. 21

Un día en el valle de Josafat aparecerá Jesús en trono de majestad; pero ahora en el Santísimo Sacramento su trono es trono de amor.

Si un rey, para manifestar el amor que tiene a un partorcillo, fuese a habitar en la aldea donde él mismo vive, ¿cuál no sería su ingratitud si no fuera a menudo a visitarlo, sabiendo que el rey mucho lo deseaba y que había venido allí para tener ocasión de verlo con frecuencia?

Jesús mío, por el amor que me tienes, lo entiendo, has descendido a estar con nosotros en el Sacramento del altar. Quisiera, si me fuera posible, permanecer de día y de noche en tu presencia. Si los ángeles, Señor mío, no cesan de estar junto a ti pasmados del amor que nos tienes, es justo que yo, viéndote por mí en el altar, te complazca permaneciendo en tu presencia, alabando el amor y la bondad que conmigo tienes.

"En presencia de los ángeles te cantaré himnos. Te adoraré en tu santo templo y tributaré alabanzas a tu nombre por la misericordia y verdad de tus promesas".

Jesús sacramentado, pan de los ángeles, manjar divino, yo te amo. Pero ni tú ni yo estamos satisfechos de este mi amor. Te amo, pero te amo muy poco. Haz, Jesús mío, que conozca la belleza y la bondad inmensa de tu amor. Haz que mi corazón deseche todos los afectos terrenos y no dé lugar a otro amor que al tuyo.

Para que yo me enamore enteramente de tu bondad y puedas unirte a mí desciendes todos los días del cielo a los altares. Razón es, por tanto, que yo sólo piense en amarte y complacerte. Te amo con toda mi alma y con todos los afectos de mi corazón. Si quieres pagarme este amor, dame más amor, un ardor más vivo que me lleve a amarte y complacerte en todo.

Jaculatoria: Jesús, tú que eres todo amor, dame más amor.

Comunión espiritual. pág. 24

Así como los enfermos pobres, que por su miseria se ven desamparados de todos, hallan su único refugio en los hospitales públicos, así los pecadores más desamparados, aunque de todos sean despedidos, no se ven desamparados de la misericordia de María, a quien Dios puso en el mundo con el fin de que fuese el refugio y hospital público de los pecadores, como dice san Basilio. Y por esto san Efrén la llama "asilo de los pecadores".

Por eso, si acudo a ti, Reina mía, no puedes desecharme por mis pecados; antes bien, cuanto más desamparado me encuentro, más motivo tengo para ser acogido bajo el manto de tu protección, ya que Dios quiso crearte para que fueras el socorro de los desgraciados. A ti recurro, María, y me pongo bajo tu manto. Tú, que eres el refugio de los pecadores, sé mi refugio y la esperanza de mi salvación. Si tú me desechas, ¿adónde acudiré?

Jaculatoria: María, refugio mío, sálvame.

Oración, pág. 24

A san José

Se quedó el Niño Jesús en Jerusalén, sin que José y María lo percibieran. Y anduvieron buscándolo, hasta que al fin lo hallaron en el templo, en medio de los doctores, oyéndoles y preguntándoles.

Glorioso patriarca, tú lloras la pérdida de Jesús, aunque nunca dejaste de amarlo: pero quien debe llorar soy yo, que por amor de las criaturas tantas veces he perdido a mi Dios y despreciado sus gracias.

Dame, te ruego, lágrimas de sincero arrepentimiento para que sin cesar llore mis culpas.

Jaculatoria: San José; varón según el corazón de Dios, ruega por mí.

Oración, pág. 26

VISITA 19

Jesús, nuestro mejor amigo

Oración preparatoria, pág. 21

Cosa gratísima es encontrarse en compañía de un amigo entrañable.

¿Y no ha de sernos agradable en este valle de lágrimas el estar en compañía del mejor amigo que tenemos, del que puede colmarnos de bienes, que nos ama apasionadamente y por eso permanece perennemente con nosotros? Aquí, en el Santísimo Sacramento, podemos conversar con Jesús como nos plazca, abrirle nuestro corazón, exponerle nuestras necesidades y pedirle sus gracias. Podemos, en suma, tratar con el Rey del cielo en este misterio, sin encogimiento y con plena confianza.

Muy afortunado fue José cuando Dios, como enseña la Escritura, descendió con su gracia a la cárcel donde estaba para confortarlo. "Bajó con él a la cárcel, y entre las cadenas no le desamparó". Mucho más venturosos somos nosotros teniendo siempre en esta tierra de miserias a nuestro Dios hecho hombre, que con su presencia real nos asiste tan afectuosa y compasivamente todos los días de nuestra vida.

¡Qué consuelo es para un pobre encarcelado tener un amigo cariñoso que vaya a hablar con él, que le consuele, que le dé esperanzas, le socorra y procure alentarle en sus desgracias! He aquí a nuestro buen amigo Jesús, que en este Sacramento nos anima diciendo: "Ved que estoy con vosotros todos los días". Aquí estoy con vosotros, he venido de propósito desde el cielo a esta vuestra prisión para consolaros, ayudaros y liberaros. Recibidme y entreteneos conmigo, uníos a mí, que así no sentiréis vuestras miserias, y después vendréis conmigo a mi paraíso, donde os haré plenamente dichosos.

Dios mío y mi amor, ya que eres tan benigno que para estar junto a mí te dignas descender a nuestros altares, propongo visitarte con frecuencia. Quiero gozar lo más que me sea posible de tu dulce presencia, que hace bienaventurados a los santos en la gloria. ¡Si me fuera dado permanecer siempre ante ti para adorarte y hacer continuos actos de amor! Alerta, te ruego, mi alma si por tibieza o por los negocios del mundo se descuida en visitarte. Enciende en mí un gran anhelo de estar siempre cerca de ti en este Sacramento.

Mi amoroso Jesús, ¡quién siempre te hubiese amado y complacido! Me consuela pensar que todavía me queda tiempo de amarte, no sólo en la otra vida, sino también en la presente. Quiero hacerlo así: quiero amarte de veras, mi bien, mi amor, mi tesoro y mi todo. Quiero amarte con todas mis fuerzas.

Jaculatoria: Dios mío, ayúdame a amarte de todo corazón.

Comunión espiritual, pág. 24

A María Santísima

Dice el devoto Bernardino de Busto: "Pecador, quienquiera que seas, no desconfíes. Recurre a la Virgen con la certidumbre de ser socorrido, y la hallarás con las manos colmadas de misericordia y de gracias". Y "sabe —añade—, que más desea esta piadosísima Reina hacerte bien que tú el ser socorrido por ella".

De continuo doy gracias a Dios, Virgen Santa, porque hizo que yo te conociera. Pobre de mí si no te hubiera conocido o si me olvidase de ti: gran riesgo correría mi salvación. Pero yo, Madre mía, te bendigo, te amo y confío tanto en ti, que en tus manos pongo mi alma.

Jaculatoria: María, dichoso quien te conoce y en ti confía.

Oración, pág. 24

A san José

No ignoraba José lo que de su amadísimo Jesús habían anunciado los profetas, por lo cual al fijar en El la mirada debía ser inmenso su dolor pensando en su dolorosa pasión y muerte.

Padre compasivo del Dios humanado, por las lágrimas que derramaste con la memoria de los dolores de Jesús, concédenos un continuo recuerdo de las penas de mi Redentor.

Jaculatoria: Bendito patriarca, que llevaste en tus brazos al Salvador del mundo, ruega por nosotros.

Oración, pág. 26

130

VISITA 20

Jesús, fuente de salud

Oración preparatoria, pág. 21

"En aquel día —dice Zacarías— habrá una fuente abierta para la casa de David y para los moradores de Jerusalén en la cual se lave el pecador".

Jesús en el Santísimo Sacramento es esta fuente que predijo el profeta, abierta para todos, y en la cual, siempre que lo quisiéremos, podemos lavar nuestras almas de todas las manchas de los pecados que cada día cometemos. Cuando se cae en una falta, ¿qué remedio mejor que acudir al punto al Santísimo Sacramento? Sí, Jesús mío, así propongo hacerlo siempre, y más sabiendo que las aguas de esta fuente no sólo me purifican, sino que me dan también luz y fuerza para no recaer y para sufrir alegremente las contrariedades y que a la vez me inflaman en tu amor.

Sé que con este fin me esperas y me recompensas con abundantes gracias las visitas de los que te aman. Jesús mío, purifícame de todas las faltas que he cometido hoy. Me arrepiento de todas ellas por el disgusto que te he causado. Dame fuerza para no recaer y concédeme un anhelo inextinguible de amarte.

¡Quién pudiera permanecer siempre junto a ti, como lo hacía tu fiel sierva María Díaz, que vivió en tiempo de santa Teresa y obtuvo licencia del obispo de Avila para habitar en la tribuna de una iglesia, donde casi de continuo permanecía delante del Santísimo Sacramento, a quien llamaba su vecino, sin apartarse de allí si no era para ir a confesarse y comulgar! Y fray Francisco del Niño Jesús, carmelita descalzo, al pasar por las iglesias donde estaba el Santísimo Sacramento no podía abstenerse de pasar a visitarle, diciendo no ser decente que un amigo pase ante la puerta de su amigo sin entrar siquiera a visitarle y decirle una palabra. Pero él no se contentaba con una palabra, sino que permanecía ante el Señor todo el tiempo de que podía disponer.

Jesús mío y mi bien, veo que has instituido este Sacramento y que permaneces en el altar con el fin de que te ame. Para esto me has dado un corazón capaz de amarte mucho. Pero yo, ingrato, ¿por qué no te amo?, ¿o por qué te amo tan poco? No, no es justo que sea tibiamente amada una bondad tan digna de ser amada como la tuya. Un amor bien distinto por mi parte merece el amor que me tienes. ¡Y tú eres un Dios infinito y yo un pobre gusanillo!

No sería mucho que yo muriera y me consumiera por ti, que has muerto por mí y que cada día por amor mío te sacrificas enteramente en los altares. Mereces, Jesús, ser amado, y yo quiero amarte con todas mis fuerzas. Ayúdame, ayúdame a amarte y a hacer todo aquello que os complace y que ardientemente deseas de mí.

Jaculatoria: ¡Mi amado para mí y yo para mi amado!

Comunión espiritual, pág. 24

Me infunde una grata esperanza san Bernardo cuando acudo a ti, mi dulce Reina. Me dice que no os detenéis en examinar los méritos de los que recurren a tu misericordia, sino que te ofreces a auxiliar a cuantos te invocan. De suerte que si te pido alguna gracia, tú me escuchas benignamente. Esto es lo que te pido: soy un pobre pecador que merece mil infiernos; pero quiero mudar de vida, quiero amar a mi Dios, a quien tanto he ofendido.

A ti me ofrezco por esclavo; a ti me entrego, indigente como soy. Salva, te diré, a quien es tuyo y ya no se pertenece. Virgen mía, ¿me has oído? Espero que me escuches y atiendas favorablemente.

Jaculatoria: María, Madre mía, tuyo soy ¡sálvame!

Oración, pág. 24

A san José

Si unos momentos pasados con el Señor bastaron para abrasar de amor los corazones de los discípulos que iban a Emaús, ¿de qué intensidad no serían las llamas de ardiente caridad que se encenderían en el corazón de san José en tantos años como pasó al lado de Jesús?

Felicísimo José, que has bebido la divina caridad en el más puro manantial, abrásame en el amor de Jesús.

Jaculatoria: San José, tierno amante de Jesús, ruega por mí.

Oración, pág. 26

VISITA 21

Oración preparatoria, pág. 21

"Doquiera que estuviere el cuerpo, allí se juntarán las águilas".

Entienden comúnmente por este cuerpo los santos el de Jesucristo, y por águilas, las almas desprendidas que se remontan sobre las cosas terrenas y vuelan hacia el cielo, por el que siempre suspiran con sus pensamientos y afectos, como por su eterna morada. En la tierra encuentran estas águilas su paraíso donde está Jesús sacramentado; de tal modo que parece no se sacian jamás de estar en su presencia.

Que si las águilas, dice san Jerónimo, al olor de su presa, desde muy lejos acuden presurosas, ¡cuánto más no debemos nosotros correr y volar hacia Jesús en el Santísimo Sacramento como al más regalado alimento de nuestro corazón! Así en este valle de lágrimas corrieron siempre los santos, como ciervos sedientos, a esta fuente del paraíso.

El padre Baltasar Alvarez, de la Compañía de Jesús, en cualquier ocupación en que se hallase, dirigía los ojos con frecuencia hacia aquella parte donde sabía que estaba el Santísimo Sacramento. Lo visitaba con frecuencia y a veces se pasaba con él noches enteras. Se lamentaba al ver llenos de gente los palacios de los grandes para hacer la corte a un hombre, de quien sólo se puede esperar un bien mezquino, mientras se hallan desiertas las iglesias, donde habita el supremo Príncipe del universo, que con nosotros mora en la tierra como en un trono de amor, rico de bienes eternos e imponderables.

Y decía que era grandísima la dicha de los religiosos, pues en su propia casa, siempre que lo desean, pueden, lo que no les es dado a los seglares, visitar, lo mismo de día que de noche, a este gran Señor en el Santísimo Sacramento.

Amantísimo Señor, ya que, a pesar de verme tan miserable e ingrato a tu amor, con tanta bondad me invitas a que me llegue a ti, no quiero desalentarme por mis miserias: a ti vengo y a ti me acerco. Conviérteme enteramente y arroja de mí todo amor que a ti no se dirija, todo deseo que no te agrade, todo pensamiento que a ti no se enderece.

Jesús mío, mi amor, mi tesoro y mi todo, sólo a ti quiero dar gusto. Unicamente tú mereces mi amor y a ti solo quiero amar con todo mi corazón. Despréndeme de todas las cosas, Señor mío, y úneme a ti; pero de tal suerte que no me pueda volver a separar ni en esta ni en la otra vida. ·

*Jaculatoria:*Jesús mío, no permitas que me aparte de ti.

Comunión espiritual, pág. 24

A María Santísima

Llama Dioniso Cartujano a la Santísima Virgen "abogada de todos los pecadores que a ella acuden".

Madre de Dios, ya que es oficio

140

tuyo defender las causas de los reos más delincuentes que a ti recurren, aquí estoy a tus pies. A ti recurro diciéndote con santo Tomás de Villanueva: "Abogada nuestra, cumple tu oficio". Sí, cúmplelo encargándote de mi causa. Es cierto que he sido reo de gravísimos delitos a los ojos del Señor y que le he ofendido grandemente a pesar de tantas gracias y beneficios como me ha concedido; pero el mal está ya hecho y tú me puedes salvar. Basta que le digas a Dios que tú me defiendes, y El me perdonará y me salvará.

Jaculatoria: Madre mía amantísima, tú me tienes que salvar.

Oración, pág. 24

A san José

La vida de José en presencia de Jesús y de María era una continua oración llena de actos de fe, de confianza, de humildad y sobre todo de amor.

Gloriosísimo patriarca, que tuviste en la tierra la dicha de gozar continuamente de la compañía de Jesús y de María, consígueme la gracia de que pase yo el resto de mis días unido a Dios y venciendo todas las tentaciones del infierno.

Jaculatoria: San José, modelo de la vida interior, ruega por mí.

Oración, pág. 26

VISITA 22

Oración preparatoria, pág. 21

Andaba la Esposa de los Cantares buscando a su Amado, y como no lo encontrase, iba preguntando: "¿Por ventura habéis visto al que ama mi alma?"

Entonces no estaba Jesús en la tierra; pero ahora, si un alma que lo ama lo busca, lo halla siempre en el Santísimo Sacramento. Decía el santo padre maestro Juan de Avila que entre todos los santuarios no acertaba a hallar ni desear ninguno más grato que una iglesia donde estuviese el Santísimo Sacramento.

Amor infinito de mi Dios, digno de amor infinito. ¿Cómo puedes, Jesús mío, llegar a abatirte tanto que, para morar con los hombres y unirte a sus corazones, te humillaste hasta ocultarte bajo la forma de pan? Verbo humanado, has sido tan extremado en la humillación porque no tiene medida tu amor. Y ¿cómo puedo dejar de amarte con todo mi ser sabiendo todo lo que has hecho por cautivar mi amor? Te amo sin medida y con gusto antepongo tu beneplácito a todos mis intereses y a todos mis gustos. Mi gusto es el tuyo, Dios mío, amor mío y mi todo.

Acrecienta en mí un encendido deseo de estar continuamente delante de tu Sacramento, de recibir-

te en mi corazón y de hacerte compañía. Increíblemente ingrato sería
yo si desoyese tan suave y amorosa
invitación. Señor, destruye en mí
todo afecto a las cosas creadas. Tú
quieres, Creador mío, ser el único
blanco de todos mis suspiros y de
todos mis amores. Te amo, bondad
amabilísima de mi Dios. No quiero
de ti otra cosa que tu amor. No
quiero mi contento; quiero y me
basta el tuyo. Acepta, Jesús mío,
este buen deseo de un pecador que
anhela amarte. Ayúdame con tu
gracia. Haz que yo, mísero esclavo
del infierno, sea desde hoy feliz esclavo de tu amor.

Jaculatoria: Te amo, Jesús mío,
sobre todo bien.

Comunión espiritual, pág. 24

Dulcísima Señora y Madre mía, yo soy un vil rebelde a tu excelso Hijo; pero acudo arrepentido a tu clemencia para que me consigas el perdón. No me digas que no puedes, pues san Bernardo te llama "la dispensadora del perdón".

A ti, Madre, corresponde ayudar a los que están en peligro, que por eso te denomina san Efrén "auxilio de los que peligran". Y ¿quién, Reina mía, peligra más que yo? Perdí a mi Dios y he estado ciertamente condenado al infierno; no sé todavía si Dios me habrá perdonado, y puedo perderle de nuevo. De ti, que puedes alcanzarlo todo, espero todo bien: el perdón, la perseverancia, la gloria. Espero ser en el reino de los bienaventurados uno de los que más ensalcen tu misericordia, Virgen Madre, salvándome por tu intercesión.

Jaculatoria: Las misericordias de María cantaré eternamente, eternamente las cantaré.

Oración, pág. 24

A san José

Puede creerse piadosamente con san Francisco de Sales que san José, asistido de Jesús y de María, tuvo la dicha de morir de amor como su bendita esposa la Virgen María.

Amabilísimo protector mío, san José, mis pecados me han merecido indudablemente una mala suerte; pero encárgate tú de mi defensa y quedará asegurada mi salvación.

Jaculatoria: San José, abogado de la buena muerte, ruega por nosotros.

Oración, pág. 26

VISITA 23

Jesús, rey del cielo, vecino nuestro

Oración preparatoria, pág. 21

Pasan muchos cristianos grandes fatigas y se exponen a innumerables peligros por visitar los lugares de Tierra Santa en que nuestro amabilísimo Salvador nació, padeció y murió.

No necesitamos nosotros emprender tan largo viaje ni exponernos a tales riesgos: cerca tenemos al mismo Señor, que habita en las iglesias a pocos pasos de nuestras casas. Y si los peregrinos estiman una gran suerte, como dice san Paulino, si logran traer un poco de polvo del pesebre o del sepulcro del Señor, ¡con qué fervor debiéramos ir nosotros a visitarle en el Santísimo Sacramento, donde está el mismo Jesús en persona, sin ser necesario para hallarlo pasar tantos trabajos y peligros!

Una persona muy espiritual, a quien concedió el Señor un amor ardentísimo al Sacramento del altar, escribía en una carta, entre otros, estos sentimientos: "Veo —dice— que todo mi bien procede del Santísimo Sacramento, por lo cual me he entregado y consagrado enteramente a Jesús sacramentado. Veo que hay un sinnúmero de gracias que no se conceden porque no se acude a este divino Sacramento, y veo también que el gran deseo que nuestro Señor tiene de dispensarlas por este medio.

Sagrada hostia, ¿qué cosa habrá fuera de ti donde ostente Dios más su poderío? Porque en la hostia está resumido todo cuanto Dios hizo por nosotros. No envidiemos a los bienaventurados, que en la tierra tenemos al mismo Dios y con más prodigios de amor. Procurad que todos aquellos con quienes habláis se consagren totalmente al amor de Jesús sacramentado.

Hablo de esta suerte porque este Sacramento me saca fuera de mí y no puedo dejar de hablar del Santísimo Sacramento, que tanto merece ser amado. No sé qué hacer por mi Jesús sacramentado". Así termina la carta.

¡Serafines que ardéis en dulces llamas de amor en torno del que es Señor vuestro y mío! Y con todo, no por vuestro amor, sino por el amor que a mí me tiene, quiso el Rey del cielo quedarse sacramentado. Dejad, ángeles amantes, que se encienda mi alma, inflamadme en ese vuestro fuego, para que juntamente con vosotros arda yo también. Jesús mío, dame a conocer la grandeza del amor que tenéis a los hombres, a fin de que, a la vista de esa hoguera de amor, crezca en mí siempre más y más el deseo de amarte y complacerte. Te amo, Señor, y quiero amarte siempre con el solo fin de agradarte.

Jaculatoria: Jesús mío, creo en ti, espero en ti y a ti me entrego en el amor.

Comunión espiritual, pág. 24

A María Santísima

Virgen querida, san Buenaventura os llama "Madre de los huérfanos, y san Efrén, "Refugio de los huérfanos".

Estos pobres huérfanos son los desventurados pecadores que han perdido a su Dios. Por tanto, a ti acudo, Virgen Santísima, aquí me tienes: perdí al Señor, mi Padre. Pero tú, que eres mi Madre, haz que vuelva a encontrarlo. En esta inmensa desgracia te llamo en mi ayuda. ¿Quedaré sin consuelo? No, que Inocencio III me dice de ti: "¿Quién la invocó y no fue por ella socorrido?" Y ¿quién ha orado ante ti sin que le hayas escuchado y favorecido? ¿Quién se ha perdido que a ti haya recurrido? Sólo se pierde el que no acude a ti. Por ello, Madre mía, si quieres que me salve, haz que siempre te invoque y en ti ponga mi confianza.

Jaculatoria: María, Madre mía,

haz que en ti ponga toda mi confianza.

Oración, pág. 24

A san José

Hablando san Agustín de la gloria de los escogidos, compara a san José con el sol y a los otros bienaventurados con las estrellas. Y el padre Suárez tiene por probable que san José, después de María, sobrepuja en mérito y en gloria a los demás santos.

Bendito san José, yo te ofrezco y consagro mi corazón; quiero que seas, después de Jesús y de María, mi guía y mi protector: ilumíname y condúceme por la senda de la perfección.

Jaculatoria: San José, corona y gloria de los patriarcas, ruega por mí.

Oración, pág. 26

VISITA 24

Tú eres, en verdad, un Dios escondido

Oración preparatoria, pág. 21

En ninguna otra obra del divino amor se realizan tanto estas palabras como en el adorable misterio del Santísimo Sacramento, donde en verdad está nuestro Dios del todo escondido.

En la encarnación ocultó el Verbo eterno su divinidad y apareció en la tierra hecho hombre; mas para quedarse con nosotros en este Sacramento, Jesús esconde también su humanidad, y sólo aparece bajo la forma de pan, como dice san

Bernardo, para mostrarnos de este modo el tiernísimo amor que nos tiene: "Cubre su divinidad y oculta su humanidad y sólo aparecen las entrañas de su caridad ardentísima".

A la vista del extremo a que llega, Redentor mío, el amor que tienes a los hombres, quedo, Dios mío fuera de mí y no sé qué decir. Por amor llegas en este Sacramento hasta encubrir tu majestad, y rebajar tu gloria, y destruir y anonadar tu vida divina, no teniendo otro oficio en el altar que el de amar a los hombres y patentizarles tu cariño incomparable. Y ellos, ¿cómo te lo agradecen, Hijo de Dios?

Jesús amoroso (permitidme decirlo), excesivamente apasionado de los hombres, pues veo que antepones su bien a tu propia gloria.

¿Ignoras por ventura a cuántos desprecios ha de someterse tu amoroso designio? Veo, y mucho antes lo veías tú, que la mayor parte de los hombres ni te adora ni te quiere reconocer por lo que eres en este Sacramento. Sé que muchas veces esos mismos hombres han llegado a pisar las hostias consagradas y arrojarlas por tierra, o en el agua, o en el fuego.

Y veo también que la mayor parte de los que en ti creen, en vez de reparar con sus obsequios tantos ultrajes, o vienen a los templos a disgustarte más con sus irreverencias o te dejan olvidado en los altares, desprovistos a veces hasta de luces y de los necesarios ornamentos.

¡Si yo pudiera, dulcísimo Salvador, lavar con mis lágrimas, y aun con mi sangre, aquellos infelices lugares en que fue tan ultrajado en este Sacramento tu amantísimo Corazón! Mas, si tal gracia no se me concede, por lo menos deseo y propongo, Señor mío, visitarte a menudo para adorarte en reparación de los ultrajes que de los hombres recibes en este divino misterio.

Acepta, Eterno Padre, este corto obsequio que, en desagravio de las ofensas hechas a tu Hijo sacramentado, te tributa el más pobre de los hombres. Acéptalo en unión de aquel honor infinito que te tributó Jesucristo en la cruz y que todos los días te da en el Santísimo Sacramento. ¡Si yo pudiese lograr, Jesús mío sacramentado, que todos los hombres estuviesen enamorados del Santísimo Sacramento!

Jaculatoria: Amable Jesús, haz que todos te conozcan y te amen.

Comunión espiritual, pág. 24

Virgen poderosa, cuando me asalta algún temor acerca de mi eterna salvación, ¡cuánta confianza siento con sólo recurrir a ti y considerar, de una parte, que tú, Madre mía, eres tan rica en gracias, que san Damasceno te llama "el mar de gracia"; san Buenaventura, "la fuente de donde brotan todas las gracias"; san Efrén, "el manantial de la gracia y de todo consuelo"; san Bernardo, "la plenitud de todo bien". Y ver, por otra parte, que eres tan inclinada a dispensar mercedes, que te crees ofendida, como dice san Buenaventura, de quien no te pide gracias.

Clementísima Reina, ya sé que tú conoces mejor que yo las necesidades de mi alma y que me amas más de lo que yo puedo amarte.

¿Sabes, pues, qué gracia te pido? Otórgame aquella que creas más conveniente para mi alma. Pídesela a Dios por mí, y así quedaré plenamente satisfecho.

Jaculatoria: Jesús mío, concédeme la gracia que María te pida para mí.

Oración, pág. 24

A san José

Es indudable, como advierte san Bernardino de Siena, que en el cielo no ha echado en olvido Jesús el amor y respeto que en la tierra profesó a san José, sino que, por el contrario, estos sentimientos filiales se han hecho más vivos y profundos.

Santo glorioso, ya que con tus ruegos todo lo puedes, alcánzame de la divina misericordia el perdón de mis pecados y la gracia de hacer por ellos digna penitencia.

Jaculatoria: San José, intercesor todo poderoso con el Corazón de Jesús, ruega por nosotros.

Oración, pág. 26

VISITA 25

Jesús, modelo de obediencia

Oración preparatoria, pág. 21

Alaba san Pablo la obediencia de Jesucristo diciendo que obedeció más lejos, pues no sólo se hace obediente al Eterno Padre, sino también al hombre, y no sólo hasta la muerte, sino cuanto dure el mundo. Hecho obediente, puede decirse, hasta la consumación de los siglos.

El Rey de la gloria desciende del cielo por obediencia al hombre, y no parece sino que mora de continuo en los altares también por obedecer a los hombres sin resistencia alguna. Allí está sin moverse de su sitio; permite que le pongan donde quiera, o expuesto en la custodia o encerrado en el sagrario. Deja que le lleven por todas partes, por las calles y las casas; permite que le den en la comunión a quienquiera que lo pide, sea justo o pecador. Mientras vivió en este mundo, dice san Lucas, obedecía a María Santísima y a san José; pero en este Sacramento obedece sin resistencia a tantas criaturas como sacerdotes hay en la tierra.

¡Corazón amantísimo de Jesús, del cual salieron todos los sacramentos y principalmente este Sacramento del amor!, permíteme que hable hoy contigo. Quisiera honrarte y glorificarte tanto cuanto honras y glorificas al Eterno Padre en este Sacramento. Yo sé que en ese altar me estás amando con el mismo amor que me tenías cuando consumaste en la cruz el sacrificio de tu vida divina en medio de tantos dolores.

Ilumina, Corazón sagrado, a los que no te conocen para que te conozcan. Libra del purgatorio con tus merecimientos a aquellas almas afligidas que son ya tus eternas esposas, o al menos alívialas. Te adoro, te alabo y te amo con todas las almas que actualmente te están amando en la tierra y en el cielo. Corazón purísimo, purifica mi corazón de todo afecto desordenado a las criaturas y llénalo de tu santo amor. Posee, Corazón dulcísimo, todo mi corazón de tal suerte que de hoy en adelante sea del todo tuyo y pueda decir siempre: "¿quién me apartará del amor de Cristo?"

Corazón santísimo, imprime en

mi corazón aquellos amargos dolores que durante tantos años soportaste en la tierra por mí con inefable amor, a fin de que, a la vista de ellos, anhele de hoy en adelante o al menos sufra por tu amor con paciencia todas las pruebas de la vida. Corazón humildísimo de mi Jesús, comunícame parte de tu humildad. Corazón mansísimo, hazme partícipe de tu dulzura. Quita de mi corazón cuanto no te agrade y conviértelo enteramente a ti para que no quiera ni desee sino lo que tú quieres. Haz, en suma, que yo viva solamente para obedecerte. Sé que es mucho lo que te pido y que te estoy muy obligado, y que aún haría poco en deshacerme todo y consumirme por tu amor.

Jaculatoria: Corazón de Jesús, tú eres el único dueño de mi corazón.

Comunión espiritual, pág. 24

Dice san Bernardo que María es el arca celestial en la que ciertamente nos libraremos del naufragio de la eterna condenación, si en ella nos refugiamos a tiempo.

Figura fue de María el arca en que Noé se salvó del universal naufragio de la tierra. Pero nota Esiquio que María es un arca más fuerte y más poderosa. Pocos fueron los hombres y animales que aquélla amparó y salvó, pero esta nuestra arca salvadora recibe a cuantos se acogen bajo su manto y a todos seguramente los salva. Pobres de nosotros si no tuviésemos a María. Con todo, Reina mía, ¡cuántos se pierden! ¿Y por qué? Porque no recurren a ti, pues ¿quién se perdería si a ti acudiese?

Jaculatoria: Virgen Santa, haz que todos te invoquemos.

Oración, pág. 24

A san José

"A otros santos —dice santa Teresa— parece les dio el Señor gracia para socorrer de una necesidad; este glorioso santo tengo experiencia que socorre en todas, y que quiere el Señor darnos a entender que así como le estuvo sujeto en la tierra (que como tenía nombre de padre, siendo ayo le podía mandar), así en el cielo hace cuanto le pide".

Poderoso protector mío, te ruego encarecidamente me obtengas el don de una oración fervorosa.

Jaculatoria: San José, tesorero del cielo, ruega por nosotros.

Oración, pág. 26

VISITA 26

Jesús, alegría de los hombres

Oración preparatoria, pág. 21

"Alégrate y canta, moradora de Sión, porque grande es en medio de ti el Santo de Israel".

Dios mío, ¡qué gozo deberíamos tener los hombres, qué esperanza y qué amor sabiendo que en nuestra patria, dentro de nuestra iglesia, cerca de nuestras casas, mora y vive el Santo de los santos en el augusto Sacramento del altar! El Dios verdadero que con su sola presencia hace bienaventurados a los santos en el cielo y que, como dice san Bernardo, es el mismo amor.

Porque este Sacramento no sólo es Sacramento de amor, sino el mismo amor, el mismo Dios, que, por el inmenso amor que tiene a sus criaturas, se llama y es el amor. "Dios es caridad". Mas oigo que te lamentas, Jesús mío sacramentado, de que, habiendo venido a la tierra para ser nuestro huésped y por nuestro bien, no te hemos recibido. "Huésped era, decís, y no me recibisteis".

Razón tienes, Señor; razón tienes: yo soy uno de esos ingratos que te dejan solo, sin venir siquiera a visitarte. Castígame como quieras, mas no con el castigo que merezco de verme privado de tu presencia. No, Dios mío, que yo quiero enmendarme de mi descortesía y de la desatención con que te he tratado y deseo en lo futuro no sólo visitarte con frecuencia, sino detenerme contigo cuanto pudiere.

Mi piadoso Salvador, haz que te sea fiel y que con mi ejemplo estimule a los demás a que te hagan compañía en el Santísimo Sacramento. Oigo al Eterno Padre que me dice: "Este es mi Hijo muy amado, en quien tengo todas mis complacencias". Pues si el mismo Dios halla en ti todas sus complacencias, ¿no las he de encontrar yo, vil gusanillo de la tierra, en permanecer contigo en este valle de lágrimas? Fuego consumidor, destruye en mí todo apego a las cosas creadas, porque sólo ellas pueden hacerme infiel y apartarme de ti.

Si quieres, en verdad lo puedes. "Señor, si quieres puedes purificarme". ¡Has hecho tanto por mí!

Haz, pues, esto también: destierra de mi corazón todo afecto que a ti no vaya dirigido. Mira que a ti me entrego por entero, dedicando el resto de mi vida al amor al Santísimo Sacramento. Tú, Jesús mío sacramentado, serás mi consuelo y mi amor en la vida y en la hora de la muerte, cuando vengas a servirme de viático y conducirme a la felicidad de tu reino. Así lo espero, así sea.

Jaculatoria: Jesús, ¿cuándo llegaré a contemplar tu rostro?

Comunión espiritual, pág. 24

A María Santísima

En ti, Madre nuestra, hallamos remedio a todos nuestros males; en ti, dice san Germán, tenemos el sostén de nuestra flaqueza; en ti exclama san Buenaventura, la puerta para salir de la esclavitud; en ti nuestra segura paz; en ti, como decía san Lorenzo Justiniano, encontramos el auxilio en las miserias de la vida; en ti, finalmente, la gracia divina y el mismo Dios, porque por ello san Buenaventura os llama "trono de la gracia de Dios", y Proclo, "puente felicísimo" por donde Dios, a quien nuestras culpas alejaron, pasa a habitar con su gracia en nuestras almas.

Jaculatoria: María, tú eres mi fortaleza, mi libertad, mi paz y mi salvación.

Oración, pág. 24

A san José

Santa Teresa nos exhorta con gran empeño a que seamos devotos de san José: "Querría yo —dice—

persuadir a todos fuesen devotos de este gran santo, por la gran experiencia que tengo de los bienes que alcanza de Dios. No he conocido persona que de veras le sea devota que no la vea más aprovechada en la virtud. Sólo pido por amor de Dios que lo pruebe el que no me creyere".

Santo bendito, alcánzame la gracia de recurrir siempre a ti con filial confianza.

Jaculatoria: Haz, santo mío, que viva y muera en gracia de Dios.

Oración, pág. 26

VISITA 27

Oración preparatoria, pág. 21

Canta la Iglesia en el oficio del Santísimo Sacramento: "No hay nación alguna, por grande que sea, que tenga a sus dioses tan cerca de sí como está de nosotros nuestro buen Dios".

Oyendo hablar los gentiles de las obras de amor de nuestro Dios, exclamaban: ¡Qué Dios tan bueno es el Dios de los cristianos! Y en verdad que, aunque los gentiles imaginaban los dioses conforme a sus caprichos, si leemos sus historias veremos que entre tantas fábulas y tantos dioses como se inventaron jamás lograron imaginar un Dios tan enamorado de los hombres como lo está nuestro verdadero Dios, quien, para demostrar su amor a sus adoradores y para enriquecerlos de gracia, realizó este prodigio de hacerse nuestro perpetuo compañero, oculto de día y de noche en nuestros altares, como si no supiese apartarse un instante de nosotros.

De esta manera, Jesús mío dulcísimo, quisiste hacer el más estupendo de los milagros para satisfacer el extremado deseo que tienes de estar continuamente a nuestro lado. ¿Por qué huyen los hombres de tu presencia? ¿Cómo pueden vivir tanto tiempo lejos de ti, o venir tan raras veces a visitarte? Si pasan contigo un cuarto de hora, se les antoja un siglo por el tedio que sienten. ¡Paciencia de mi Jesús, cuán grande eres! Sí, lo entiendo, Señor mío: es tan grande porque es inmenso el amor que tienes a los hombres, y esto es lo que te obliga a permanecer continuamente entre tantos ingratos.

¡Dios mío, que siendo infinito en tus perfecciones, eres también infinito en el amor! No permitas que sea yo en el futuro uno de esos ingratos, como lo fui en el pasado. Concédeme el amor que a tus merecimientos y a mi obligación corresponde. Tiempo hubo en que yo también me cansaba de estar en tu compañía, porque no te amaba o te amaba muy poco; pero si logro con tu gracia amarte mucho, entonces no me cansaré de pasar los días y las noches a tus pies en este Sacramento.

Padre eterno, te ofrezco a tu mismo Hijo: acéptalo, y por sus méritos dame un amor tan tierno y ferviente al Santísimo Sacramento, que cuando pase por una iglesia donde esté Jesús sacramentado vuele a El irresistiblemente mi espíritu y busque con ansia el momento de ir a visitarlo.

Jaculatoria: Dios mío, por el amor de Jesús, dame un gran amor al Santísimo Sacramento.

Comunión espiritual, pág. 24

A María Santísima

Es María aquella torre de David de la cual dice el Espíritu Santo en el Cantar de los Cantares que está edificada con baluartes y tiene mil defensas y armas para socorro de los que a ella acuden.

Tú eres, Virgen María, la defensa fortísima de cuantos se hallan en el combate. ¡Qué asaltos me dan continuamente mis enemigos para privarme de la gracia de Dios y de tu protección, Madre mía amabilísima! Pero tú eres mi fortaleza y no te desdeñas, según decía san Efrén, de combatir por los que en ti confían. Defiéndeme y lucha por mí, que en ti deposito toda mi confianza.

Jaculatoria: María, vuestro hermoso nombre es la defensa mía.

Oración, pág. 24

A san José

Al vernos oprimidos por las miserias de la vida, parece decirnos el Señor las palabras que el rey de

177

Egipto dirigía a su pueblo asolado por el hambre: "Id a José".

A ti me llego, santo patriarca, no en demanda de bienes terrenos, sino para pedirte un amor grande a Jesús y a María, junto con la perseverancia final.

Jaculatoria: San José, administrador de las riquezas del Señor, ruega por mí.

Oración, pág. 26

VISITA 28

Jesús, prenda de gracia

Oración preparatoria, pág. 21

Habiéndonos dado Dios a su propio Hijo —dice san Pablo—, ¿podremos temer que nos niegue bien alguno?

Sabemos que el Padre eterno todo cuanto tiene se lo ha dado a Jesucristo. Agradezcamos, pues, siempre la bondad, la misericordia y la liberalidad de nuestro amantísimo Dios, que quiso enriquecernos con todos los bienes y todas las gracias dándonos a Jesús en el Santísimo Sacramento del altar.

En verdad, Salvador del mundo, Verbo hecho hombre, puedo decir que eres enteramente mío si yo lo quiero. Pero ¿puedo igualmente afirmar que soy todo tuyo como tú quieres? Señor mío, haz que no se vea en el mundo el desconcierto e ingratitud de que yo no sea tuyo como tú lo quieres. ¡Nunca más suceda! Si así fue en lo pasado, que no lo sea en adelante. Hoy resueltamente me consagro a ti. Te entrego para el tiempo y para la eternidad mi vida, mi voluntad, mis pensamientos, mis acciones y mis padecimientos. Soy tuyo enteramente, y como víctima a ti consagrada, me despido de las criaturas y me doy totalmente a ti.

Abrásame en las llamas de tu divino amor. No quiero que en mi corazón vuelvan a tener parte las criaturas. Las pruebas que me has dado del amor que me tienes, cuando ni siquiera te amaba, me mueven a esperar que ciertamente me recibirás ahora que te amo y que por amor tuyo a ti me entrego.

Te ofrezco hoy, Padre eterno, todas las virtudes, actos y afectos del Corazón de tu amado Jesús, y por sus merecimientos, que todos son míos, pues El me los ha dado, concédeme la gracia que Jesús pide para mí. Con estos merecimientos te doy gracias por tantas misericordias como has usado conmigo; con ellos satisfago lo que por mis culpas te debo; por ellos espero de ti, Señor, todas las gracias: el perdón, la perseverancia, la gloria y, sobre todo, el sumo don de tu perfecto amor.

Bien veo que soy yo quien a

todo pone impedimento, pero esto mismo tú lo vas a remediar. Te lo pido en nombre de Jesucristo, el cual nos prometió que nos concederías todo aquello que en su nombre te pidiéramos. Por tanto, no te puedes negar. No quiero, Señor, sino amarte, entregarme enteramente a ti y no ser ya ingrato como hasta ahora lo he sido. Mírame y escúchame: haz que sea hoy el día en que del todo me convierta a ti, para nunca más dejar de amarte. Te amo, Dios mío; te amo, Bondad infinita; te amo, amor mío, gloria mía, mi bien, mi vida y mi todo.

Jaculatoria: Jesús mío y todo mi bien, tú me amas y yo también te amo.

Comunión espiritual, pág. 24

Cuánto alivio siento en mis miserias y cuánto consuelo en mis tribulaciones y qué esfuerzo recibo en la tentación no bien pienso en ti e imploro tu socorro, dulcísima Madre María. Razón tenéis, santos del cielo, en llamar a la Virgen "puerto de atribulados", como san Efrén; "alivio de nuestras miserias y consuelo de los desgraciados", como san Buenaventura; "remedio de nuestro llanto", como san Germán.

Consuélame, Madre mía, pues me veo lleno de pecados, cercado de enemigos, tibio en el amor de Dios. Consuélame, pero que la consolación que me des sea el hacerme empezar una vida nueva que verdaderamente agrade a tu Hijo y a ti.

Jaculatoria: Conviérteme, transfórmame, Madre mía, que tú puedes hacerlo.

Oración, pág. 24

A san José

Por la misericordia de Dios, pocos cristianos habrá que no sean devotos de san José; pero entre todos, reciben mayores gracias aquellos que con mayor confianza se encomiendan a él.

Amado san José, te elijo para que, después de María, seas mi principal abogado y protector. Por el amor que tienes a Jesús y a su Madre, admíteme en el número de tus más amantes siervos.

Jaculatoria: Protector mío san José, atiende mis súplicas.

Oración, pág. 26

VISITA 29

Jesús, nos pide el corazón

Oración preparatoria, pág. 21

Pastor amantísimo, que por amor a tus ovejas, no contento con morir una vez sacrificado en el ara de la cruz, quisiste además quedarte oculto en este divino Sacramento en los altares de nuestras iglesias para estar siempre junto a nosotros y llamar a las puertas de nuestros corazones con el fin de entrar en ellos.

¡Si yo supiera gozar de vuestra

íntima compañía, como la sagrada Esposa de los Cantares, que decía: "A la sombra del deseado me senté"! Si yo te amase de veras, amabilísimo Jesús mío sacramentado; entonces sí que desearía no apartarme jamás del sagrario ni de día ni de noche; y descansando allí, junto a tu Majestad, aunque encubierta con la aparente sombra de pan y vino, probaría aquellas delicias celestiales y aquel gozo que hallan las almas que más te aman. Señor, atráeme con el aroma de tu hermosura y del amor inmenso que en este Sacramento me manifiestas. Y así, Salvador mío, dejaré las criaturas y los placeres todos del mundo y correré hacia ti.

¡Qué frutos de santas virtudes ofrecen a Dios, como plantas nuevas, las almas venturosas que te visitan con amor en el sagrario! Pero yo me avergüenzo de presentarme tan desnudo y vacío de virtudes ante ti, Jesús mío. Ordenado tienes que quien va al altar para honrarte no vaya sin algún don que ofrecerte. Y yo, ¿qué he de hacer? ¿No volver a visitarte? No, que no es esto lo que te agrada. Me presentaré a ti pobre cual soy, y tú me proveerás de los mismos dones que de mí deseas. Veo que te quedaste en este Sacramento para premiar a los que te aman; pero también para enriquecer a los pobres con tus bienes.

Voy a empezar desde ahora. Te adoro, Rey de mi corazón, verdadero amante de los hombres, pastor enamoradísimo de tus ovejas. Acudo a este trono de tu amor, y no teniendo otro don que ofrecerte, te presento este miserable corazón para que todo él quede consagrado a tu amor y beneplácito. Con este corazón puedo amarte y con él quiero amarte cuanto pueda. Atráelo y únelo enteramente a tu voluntad, de tal modo que de hoy en adelante también yo pueda decir lleno de gozo, como tu amado discípulo decía, que estoy preso en las cadenas de tu amor.

Uneme, Señor mío, del todo contigo; haz que hasta de mí me olvide, a fin de que llegue un día en que venturosamente me desprenda de todas las cosas y hasta de mí mismo para hallarte a ti solo, amándote siempre. Te amo, Señor mío sacramentado; a ti me entrego, a ti me uno. Haz que te encuentre, que te ame de verdad y no me aparte jamás de ti.

Jaculatoria: Jesús mío, tú solo me bastas.

Comunión espiritual, pág. 24

San Bernardo llama a María "camino real para hallar al Salvador y la salvación". Si es cierto, Reina mía, que eres, como él mismo dice, quien conduce nuestras almas a Dios, no esperes que yo vaya a Dios si no me llevas en tus brazos. Llévame, sí; y si resisto, llévame a la fuerza.

Con los dulces atractivos de tu amor fuerza cuanto puedas a mi alma, a mi rebelde voluntad, para que deje a las criaturas y busque sólo a Dios y su voluntad santísima. Muestra a los cielos cuán poderosa eres; muestra, entre tantos prodigios, esta otra maravilla de tu misericordia uniendo enteramente con Dios a quien tan lejos de El está.

Jaculatoria: María, puedes hacerme santo; de ti lo espero.

Oración, pág. 24

A san José

Si cuando vivía Jesús en la humilde casita de Nazaret hubiera deseado lograr de El el perdón un pecador, ¡cuán poderoso medianero no hubiera encontrado en el glorioso san José! Si queremos reconciliarnos con Dios, acudamos a este santo patriarca.

Bienaventurado san José, ayúdame a alcanzar de la divina bondad no sólo el perdón de mis pecados, sino también la gracia de no ofender jamás, ni aun ligeramente, a mi amado Señor.

Jaculatoria: De ti, protector mío, espero el perdón y la perseverancia.

Oración, pág. 26

VISITA 30

Jesús se oculta en la Eucaristía para darnos confianza

Oración preparatoria, pág. 21

¿Por qué escondes tu rostro? Temor sentía Job al ver que Dios le escondía su rostro; pero el saber que Jesús oculta su majestad en el Santísimo Sacramento no debe causarnos temor, antes bien, amor y confianza. Precisamente con el fin de acrecentar nuestra confianza y patentizarnos más su amor se queda oculto en los altares tras la forma de pan.

"Ocultando Dios su rostro en la Eucaristía —dice Novarino— nos descubre su amor". ¿Quién se atrevería jamás a llegarse a El confiadamente y manifestarle sus deseos y afectos si el Rey del cielo descubriera en el altar los esplendores de su gloria?

Jesús mío, ¡qué invención tan amorosa ésta en que te ocultas en el Santísimo Sacramento bajo la forma de pan, a fin de que te amen y puedan encontrarte en la tierra todos los que lo deseen! Razón tenía el profeta al decir que clamasen los hombres y pregonasen por todo el mundo hasta qué punto llegan las invenciones del amor que nos tiene nuestro buen Dios. ¡Corazón amantísimo de mi Jesús, digno de poseer los corazones todos de las criaturas! Corazón lleno, siempre lleno de llamas de purísimo amor, fuego consumidor, abrásame del todo y dame nueva vida de amor y de gracia.

Uneme a ti de tal suerte que nunca vuelva a dejar tu amistad. Corazón abierto para ser el refugio de las almas, recíbeme. Corazón atormentado en la cruz por los pecados del mundo, dame un verdadero dolor de todas mis culpas. Sé que en este divino Sacramento conservas los mismos sentimientos de amor que por mí tuviste al morir en el Calvario, y que por lo mismo tienes un deseo ardiente de unirme enteramente a ti. ¿Será posible que me resista aún a entregarme del todo a tu amor y deseo?

Amado Jesús, por tus merecimientos, hiéreme, préndeme, átame, úneme todo entero a tu Corazón. Resuelvo en este día, ayudado de tu gracia, complacerte cuanto

pueda, pisoteando todos los respe-
tos humanos, inclinaciones, repug-
nancias, todos mis gustos y cuantas comodidades pudieran impedir-
me contemplarte plenamente. Haz,
Jesús mío, que así lo realice, de tal
manera que de hoy en adelante todas mis obras, sentimientos y afectos se conformen enteramente con
tu voluntad. Amor divino, arroja
de mi corazón los demás amores.
María, esperanza mía, que todo lo
puedes con Dios, alcánzame la gracia de ser hasta la muerte siervo
fiel del puro amor de Jesús. Amén;
así lo espero en el tiempo y en la
eternidad.

Jaculatoria: ¿Quién podrá apartarme del amor de Cristo?

Oración espiritual, pág. 24

La caridad de María para con nosotros, según nos lo afirma san Bernardo, no puede ser ni mayor ni más poderosa de lo que es. Por lo cual se compadece siempre generosamente de nosotros con su cariño y nos socorre con su poder.

Siendo, por tanto, purísima Reina mía, rica en poder y rica en misericordia, puedes y deseas salvarnos a todos. Te diré, pues, hoy y siempre, con el devoto Blosio: "María Santísima, en esta gran batalla que con el infierno tengo empeñada ayúdame siempre, y cuando veas que me hallo vacilante y próximo a caer, tiéndeme entonces, Señora mía, más pronto tu mano y sostenme con más fuerza".

¡Dios!, ¡cuántas tentaciones tendré que vencer hasta la hora de mi muerte! María, esperanza, refugio y fortaleza mía, no permitas que pierda la gracia de Dios, pues propongo acudir siempre a ti en todas las tentaciones, diciendo:

Jaculatoria: Ayúdame, María; María, ayúdame.

Oración, pág. 24

A san José

La gracia más preciosa que puede conceder el santo patriarca a sus devotos es un tierno amor hacia el Verbo encarnado, nuestro amabilísimo Redentor, gracia que mereció dispensar a sus servidores por el entrañable amor que a él mismo le abrasó en la tierra.

Yo me regocijo contigo, padre y protector mío, por la dicha incomparable que tuviste de llevar a Jesús en tus brazos, estrechándolo contra tu corazón, en el cual El derramaba a raudales las llamas del más encendido amor.

Jaculatoria: En el amor de Jesús sé siempre mi guía.

Oración, pág. 26

VISITA 31

Jesús, espera nuestra visita

Oración preparatoria, pág. 21

Hermoso en gran manera fue el espectáculo que ofreció nuestro dulce Redentor cuando, cansado de caminar, se sentó junto al pozo de Jacob, esperando benigno y amoroso a la samaritana para convertirla y salvarla.

De igual manera, descendiendo ahora el mismo Señor todos los días desde el cielo a nuestros altares, como otras tantas fuentes de gracia, dulcemente se entretiene con nosotros, esperando y convidando a todas las almas a que le hagan compañía, siquiera unos momentos, a fin de atraerlas de esta suerte a su perfecto amor. Desde los altares, donde reside Jesús sacramentado, parece que nos habla a todos y nos dice: Hombres, ¿por qué huís de mi presencia? ¿Por qué no venís y os acercáis a mí, que os amo tanto y que por vuestro amor estoy aquí tan humillado? ¿Qué teméis? No he venido aún a la tierra para juzgar; antes bien, me oculto en este Sacramento de amor con el único fin de hacer bien y salvar a todos los que a mí recurren.

Entendamos que así como en el cielo vive siempre Jesucristo para interceder por nosotros, así también en el Santísimo Sacramento del altar está de noche y de día haciendo el piadoso oficio de abogado nuestro y ofreciéndose como víctima al Padre eterno para alcanzar su misericordia y gracias sin cuento. Por esto decía el devoto Kempis que hemos de llegarnos a hablar con Jesús sin temor a sus castigos y sin ningún recelo, sino como habla un amigo con su amigo más querido.

Ya que me lo permites, deja, Rey y Señor mío, que te abra confiadamente mi corazón y que te diga: Jesús mío, enamorado de las almas, conozco bien los agravios que te hacen los hombres: los amas, y no responden a tu amor; les haces bien, y recibes desprecios; quieres que oigan tu voz, y no te escuchan; les ofreces tus gracias, y las rechazan. Jesús mío, ¿será verdad que yo también hice en otro tiempo causa común con esos ingratos para ofenderte? Demasiado cierto es,

Dios mío. Pero deseo corregirme y quiero en los días que me quedan de vida reparar los disgustos que te he causado y hacer todo cuanto pueda para agradarte y complacerte.

Di, Señor, lo que quieres de mí, que todo quiero hacerlo cumplidamente. Házmelo saber por medio de la santa obediencia, y espero realizarlo. Dios mío, te prometo firmemente nunca omitir desde hoy cosa alguna que entienda ser de tu mayor agrado, aunque tenga que perderlo todo: parientes, amigos, estimación, salud y hasta la misma vida. Que se pierda todo con tal de agradarte a ti. ¡Dichosa pérdida cuando todo se pierde y sacrifica por contentar a tu Corazón!

¡Dios del alma mía, sumo bien y amabilísimo entre todos los bienes! Te amo, y para amarte reúno en mi pobre corazón el amor con que te aman los serafines, el amor del Corazón de María y del Corazón de Jesús. Te amo con todo mi ser y únicamente a ti quiero amar.

Jaculatoria: Dios mío, Dios mío, tuyo soy y tú eres mío.

Comunión espiritual, pág. 24

A María Santísima

Dice el beato Amadeo que la bienaventurada Reina María está continuamente ejercitando en la presencia de Dios el oficio de abogada nuestra e intercediendo con sus oraciones, que son para con Dios poderosísimas. Porque como ve nuestras miserias y peligros, la clementísima Señora se compadece de nosotros y nos socorre con amor de Madre.

De suerte que ahora mismo, Madre y Abogada mía, ves las miserias de mi alma y los peligros que me rodean y estás rezando por mí. Ruega y ruega y no dejes nunca de hacerlo hasta que me veas salvo y dándote humildes gracias en el cielo.

Dice el devoto Blosio que tú, dulcísima María, eres, después de Jesús, la salvación segura de vuestros siervos fieles. Yo te pido hoy esta gracia: concédeme la dicha de ser tu siervo hasta la muerte, para que después de esta vida vaya a bendecirte en el cielo, seguro ya de que jamás habré de apartarme de tus pies mientras Dios sea Dios.

Jaculatoria: María, Madre mía, haz que sea yo siempre tuyo.

Oración, pág. 24

Todos los cristianos saben que san José es el abogado de los moribundos y protector de la buena muerte, ya que él tuvo la envidiable dicha de morir en los brazos de Jesús y de María. Por lo cual deben esperar de él sus fieles devotos que vendrá en aquel supremo trance a asistirlos acompañado de su santa Esposa.

Amable san José, yo, que soy un miserable, imploro desde hoy tu patrocinio para aquel último momento de mi vida. Alcánzame la gracia de morir con la muerte de los justos en los brazos de Jesús y de María.

Jaculatoria: Ruega por mí, bendito, san José, ahora y en la hora de mi muerte. Así sea.

Oración, pág. 26

INDICE

La editorial "El Perpetuo Socorro" edita, una vez más, LAS VISITAS AL SANTISIMO SACRAMENTO, A MARIA SANTISIMA Y A SAN JOSE, como homenaje a SAN ALFONSO ante el segundo centenario de su nacimiento, el 27 de septiembre de 1696.

Madrid, 16 de octubre de 1995
Fiesta de San Gerardo Maiella.